DU
CONSEIL D'ÉTAT,

ENVISAGÉ

COMME CONSEIL

ET COMME JURIDICTION

SOUS

NOTRE MONARCHIE CONSTITUTIONNELLE.

DU
CONSEIL D'ÉTAT,

ENVISAGÉ

COMME CONSEIL
ET COMME JURIDICTION

SOUS

NOTRE MONARCHIE CONSTITUTIONNELLE.

(par de Cormenin)

PARIS,

DE L'IMPRIMERIE DE MME HÉRISSANT LE DOUX.

Se trouve

Chez { PILLET, imprimeur-libraire, rue Christine, nº 5.
DELAUNAY, libraire, au Palais-Royal, galeries de bois, nº 243.

1818.

DU

CONSEIL D'ÉTAT.

OBJET DE L'OUVRAGE.

Je voudrais rechercher si, dans notre Gouvernement, le Conseil d'État remplit bien le vœu politique de son institution.

Je voudrais rechercher surtout pourquoi, dans mon pays, la distribution de la justice administrative n'offre pas aux citoyens à-peu-près les mêmes garanties et les mêmes bienfaits que la distribution de la justice civile.

On ignore généralement, en France, ce que c'est que le Conseil d'État.

On connaît mal son organisation intérieure, ses attributions, sa procédure, sa jurisprudence, et le jeu de ses fonctions dans le mouvement de notre machine politique.

Cependant il importe d'une part que sous un Gouvernement représentatif, tous les citoyens sachent bien quelles lois administratives règlent leurs intérêts, quels juges leur appliquent ces lois, quelles garanties leur donnent ces juges.

Il importe d'autre part que le Conseil d'État, par son expérience et par ses avis, aide, fortifie et perfectionne l'action du Gouvernement.

Il suit de cette première distinction que le Conseil doit être envisagé dans ses rapports généraux, comme corps politique, avec la constitution de l'État, et dans ses rapports particuliers, comme juridiction, avec les intérêts des citoyens (1).

Le sujet que je vais traiter est neuf, mais fertile en intérêt et en méditations.

Si, dans la recherche d'une meilleure organisation, je suis conduit à proposer quelques changemens, je désire et je supplie qu'on les discute avec sévérité, parce que je suis convaincu moi-même qu'il y a souvent plus de périls à innover qu'à maintenir.

Mais, d'un autre côté aussi, je ne pense pas qu'il soit tout-à-fait vrai de dire qu'on innove, lorsque c'est toute une société qui se renouvelle; lorsque, renversée dans ses antiques fondemens, elle change de place et cherche une assiette plus ferme contre les coups du temps,

(1) Quand je dis corps politique, je n'entends point exprimer par ce mot un pouvoir constitué, mais simplement une assemblée d'hommes éclairés que le Gouvernement convoque pour recueillir ses avis sur les matières d'administration qu'il lui soumet.

de la fortune et des hommes. Nous sommes cette vieille société qui, dispersée par l'orage, et ne retrouvant plus la place où elle vivait, forme de nouveaux établissemens, plus convenables à ses nouveaux besoins, à ses nouvelles habitudes, à ses nouveaux préjugés peut-être, et surtout à ses nouvelles prévoyances de l'avenir. La Monarchie constitutionnelle vient de naître. Nous devons recommencer notre existence avec elle ; nous devons plier et accommoder insensiblement à ce nouveau régime nos opinions, nos mœurs, nos lois, nos institutions, toute notre manière d'être politique et privée.

C'est selon l'esprit et les besoins du Gouvernement représentatif, que je vais examiner l'institution du Conseil d'État.

DU PLAN ET DE LA DIVISION DE L'OUVRAGE.

Le Roi, dans la Monarchie française, est la source éminente d'où découlent la justice civile et la justice administrative, pour se répandre ensuite dans tous les canaux du corps social qu'elles vivifient.

La justice civile se distribue par les juges de paix, les tribunaux de première instance, les cours d'appel, et vient aboutir à la cour de cassation.

La justice administrative se distribue par les administrations municipales, les conseils de préfecture, les préfets, les commissions extraordinaires, les directeurs généraux des administrations, les ministres, et vient aboutir au Conseil d'État.

Je traiterai seulement de la justice administrative dans son application aux matières contentieuses portées devant le Conseil.

Pour que son organisation soit bonne, il faut qu'elle soit dans des rapports convenables avec les lois civiles, les droits, les intérêts et les libertés des citoyens, leurs mœurs, leurs coutumes, leurs priviléges, et enfin avec le système politique du Gouvernement en vigueur.

Je suis donc conduit, par l'ordre même que je me propose et par un enchaînement de conséquences nécessaires, à examiner d'abord ce que le Conseil d'État a été sous l'ancienne Monarchie, puis ce qu'il fut sous l'Empire, enfin ce qu'il est aujourd'hui.

C'est en effet en étudiant ce qu'il a été, soit comme corps politique, soit comme juridiction, dans différentes formes de Gouvernement, que nous arriverons plus facilement à connaître ce qu'il doit être sous notre Monarchie constitutionnelle.

TITRE PREMIER.

CHAPITRE PREMIER.

Du Conseil d'État sous l'ancienne Monarchie.

EN France, toute justice émane du Roi. Elle se rend en son nom, par des officiers qu'il nomme et qu'il institue.

Mais les anciens Rois de France l'ont souvent administrée eux-mêmes, et ils remplissaient le plus honorable devoir de la royauté. Ils nommaient aussi des légats et commissaires qui parcouraient les provinces, tenaient les assises, réformaient les abus, et portaient aux peuples ignorans et opprimés par les Comtes, la lumière des lois, et la protection de la justice.

Peu-à-peu la simplicité de ces mœurs se perdit; les relations sociales s'étendirent avec les développemens de l'industrie et de la propriété; les parlemens, écoulement du Conseil du Prince, se fixèrent; les commissions temporaires se convertirent en tribunaux réguliers.

L'affranchissement progressif des serfs et des

communes, l'introduction du droit romain, la rédaction des coutumes locales, leur contrariété et leur diversité même, l'affaiblissement de la juridiction seigneuriale, enfin la simplicité de l'ancienne procédure convertie en une procédure plus compliquée, plus ardue, et qui devint science; toutes ces causes engendrèrent de plus en plus, parmi les citoyens, de nouvelles relations, de nouveaux intérêts, et de nouveaux tribunaux.

Mais comme le Roi était le principe et la source de toute justice, il arrivait que ses sujets, pour éviter soit les lenteurs, soit les préventions, soit la corruption, soit l'ignorance, soit l'arbitraire, soit la tyrannie des juridictions locales, recouraient directement à lui en toutes sortes de cas. Aussi voit-on se perdre dans la nuit des temps l'institution de ces officiers qui, attachés à la personne de nos Rois et commensaux de leur maison, recevaient les placets, entendaient les parties, et faisaient prompte justice, même dans les voyages de la Cour.

Les attributions de ces officiers, qui composaient le Conseil d'État privé, n'étaient pas fixées; la généralité du principe dont j'ai parlé, les ordres du Roi, la force de l'usage immémorial, et le caprice des parties, étendaient leur compétence à toutes les matières. On portait devant eux une foule de questions de propriété, de titres et d'état, qui appartenaient aux tribunaux; les formes mêmes des tribunaux y passèrent avec les subtilités de leur procédure, la publicité des débats et la solennité des jugemens.

Ces empiètemens sur la juridiction des tribunaux ordinaires furent successivement réprimés par diverses ordonnances de nos Rois. Les compétences furent reconnues et distinguées. On restitua aux tribunaux les matières qui leur appartenaient. On ne laissa guère au Conseil d'autres attributions que celles qui lui étaient nécessaires pour maintenir le bon ordre dans l'administration de la justice, pour fortifier la prérogative royale contre les entreprises des parlemens, et pour secourir les intérêts et les libertés des citoyens.

Le réglement de 1738 détermina avec précision les attributions du Conseil des parties.

On portait devant ce Conseil les matières d'évocations sur parentés et autres cas;

Les réglemens de juges en matières civile et criminelle;

Les demandes en cassation des arrêts et jugemens rendus en dernier ressort, en contravention aux ordonnances;

Les appels des ordonnances des intendans et autres commissaires départis;

Les demandes en prise à partie;

Les évocations pour les matières bénéficiales ou féodales;

Les demandes en révision des procès criminels;

Les conflits de juridiction;

Les demandes en interprétation de lois.

Ces attributions étaient immenses sans doute, mais il faut les considérer sous l'ancienne Monarchie et dans leur rapport avec les choses dont j'ai parlé.

Ainsi, il fallait bien remonter jusqu'au Roi pour obtenir l'interprétation de sa volonté, puisqu'il était, par les prérogatives de sa couronne, le seul auteur de la loi, la seule source de la justice.

Or, la conséquence de la plénitude de ce double principe était que le Roi seul manifestât le sens caché de la loi, et que seul il pût à son gré, ou retenir à lui les causes, ou les déléguer à d'autres qu'aux juges saisis, ou les laisser à ces juges. De là ces différens droits qu'exerçait le Roi en son Conseil, celui d'évoquer, celui de régler les juges et celui d'interpréter les lois.

Le Conseil était donc en rapport avec le principe de l'ancienne constitution monarchique.

Les provinces, le clergé, la noblesse avaient des priviléges qui entraient dans la constitution générale de l'Etat, et qu'il fallait ou maintenir ou régler; de là les évocations en matières bénéficiales et féodales.

Les évocations pour suspicions légitimes de parentés dans les causes civiles, et les demandes en révision des procès criminels, amenaient vers le Roi en son Conseil, comme dans un refuge sacré, tous les citoyens faibles ou obscurs, qui, surtout dans les provinces éloignées, succombaient sous la puissance des parlemens.

Le Conseil protégeait les personnes et les propriétés, et retenait les parlemens dans les bornes de la justice et de leurs attributions.

Il était donc aussi en rapport avec les intérêts et les libertés des citoyens.

Comme il n'existait pas dans la hiérarchie des pouvoirs judiciaires une cour de cassation, il fallait bien que le Roi, en son Conseil, décidât à quels juges, selon les matières ou les personnes, appartenaient les contestations portées devant deux cours supérieures, indépendantes l'une de l'autre. De là, les réglemens des juges civils.

Il fallait aussi qu'il vidât les difficultés de compétence entre les tribunaux civils, et les intendans ou autres commissaires du Conseil et les juges d'exception. De là, les réglemens de conflits de juridiction.

Enfin, si les juges civils avaient commis des abus de pouvoir ou violé les ordonnances et les édits, il fallait bien maintenir l'unité des doctrines, l'exécution des lois, et l'ordre des juridictions. De là les demandes en cassation d'arrêts ou jugemens rendus en dernier ressort.

L'institution du Conseil d'État privé était donc aussi en rapport, sous ce Gouvernement, avec la meilleure distribution de la justice qui pût se faire alors.

On n'a pas assez admiré combien il fallait de ménagemens et d'habileté pour ne pas heurter les priviléges des provinces conquises ou réunies, de la noblesse, des ordres religieux; combien, pour concilier les libertés et les intérêts des citoyens avec des juridictions si nombreuses et si entreprenantes; combien, pour renfermer dans leurs attributions des parlemens si remuans, et si puissans par les richesses, le crédit et l'opinion; combien, pour assurer l'exécution de lois si diverses; combien, pour maintenir quelque uniformité de doctrine parmi tant de jurisprudences contraires l'une à l'autre; combien enfin, pour ne pas arracher les citoyens à leurs juges naturels et aux bénéfices de leurs coutumes.

Dirai-je qu'il n'y avait pas d'abus? Non; parce qu'il s'en glisse toujours, même parmi les institutions humaines les mieux ordonnées.

Mais les détracteurs de l'ancien Conseil n'ont vu que le principe du droit civil; ils auraient dû lever les yeux plus haut : ils auraient compris que le premier besoin d'un Gouvernement, quel qu'il soit, est celui de se conserver, et que les abus même sont souvent des nécessités, si on les rapporte au principe politique.

C'est ainsi que le Roi ne retenait pas en son Conseil le jugement des causes civiles pour interrompre arbitrairement l'ordre des juridictions, mais pour fortifier la prérogative de la Couronne, pour briser les résistances des parlemens qui s'arrogeaient certains priviléges politiques, et pour leur faire sentir jusqu'aux extrémités de son Royaume la présence de sa souveraineté.

Quant à l'évocation de justice, on ne l'employait qu'avec une extrême sobriété, et ainsi qu'on use d'un remède dans les maux pressans : on y avait fait de larges exceptions.

Quant à l'évocation de grâce, ou de pur mouvement, si cette évocation avait un but politique, elle pouvait, à cause de ce but, être excusée. Si quelquefois elle était surprise à la puissance par la faveur, elle était alors un abus, parce qu'elle blessait l'égalité de la justice distributive, et qu'elle rompait sans excuse l'ordre naturel des juridictions.

Les commissions du Conseil, nommées d'office pour juger certaines questions de propriété, détournaient les parties de leurs juges ordinaires, et n'étaient, il faut le dire, instituées que dans l'intérêt seul du fisc.

En général, les règles observées au Conseil d'État favorisaient trop le domaine; et peut-être n'avait-on pas assez fait attention que quand le domaine plaide avec un particulier, il devient personne privée, et doit subir sans distinction, sans faveur, la loi commune; il ressemble aux mineurs : leur privilége n'est point dans l'application différente de la loi, mais dans les protections dont la loi aide et secourt la débilité de leur âge et de leur jugement, la tiédeur et la négligence de leurs avocats.

Si nous examinons seulement le Conseil d'État privé par quelques côtés particuliers, et surtout dans ses rapports avec le principe du droit civil et avec la division des pouvoirs si heureusement fixée par nos lois nouvelles, nous le condamnerons.

Mais si nous examinons le fond de son institution dans ses relations avec le système général et les besoins de l'ancienne Monarchie, nous y rencontrerons toute la sagesse de nos péres.

C'est ainsi qu'en considérant de près et sous ces rapports plusieurs institutions des temps passés, nous y trouvons un sens profond, de secrètes prévoyances et une ordonnance admirable, qui échappaient d'abord à notre vue, et dont la découverte confond l'orgueilleuse précipitation de nos jugemens (1).

N'affectons donc pas les dédains d'une ignorance superbe pour les institutions de l'ancienne Monarchie, sous lesquelles nos pères ont vécu heureux; mais en même temps ayons la bonne foi, ayons le bon esprit de leur préférer les institutions de la Monarchie constitutionnelle, sous lesquelles nous pouvons vivre aussi heureux et encore plus libres, et à qui il ne manque que la sanction du temps.

Les pays d'état, les administrations des provinces, les priviléges des villes, les parlemens, étaient autant de petites digues répandues sur la face de la France contre les invasions du pouvoir absolu.

Mais ces barrières qu'on voudrait relever ne feraient que gêner l'action du Gouvernement, sans assurer davantage la liberté des citoyens.

Une opposition légale vaut mieux qu'une opposition de priviléges. La barrière du pouvoir est dans l'institution des deux Chambres, et les pré-

---

(1) Si depuis trois siècles, dit Montesquieu, le royaume de France a augmenté sans cesse sa puissance, il faut attribuer cela à la bonté de ses lois, non pas à la fortune qui n'a pas ces sortes de constances. (*Esprit des lois.*)

rogatives de ces Chambres ne sont point établies dans l'intérêt d'une seule province, d'une seule ville, d'une seule opinion, d'une seule classe de la société; mais dans l'intérêt de tous les Français; elles ne sont point arrachées par la force, ni même excusées par l'usage des siècles, tout respectable qu'il soit : elles sont la libre expression du vœu national; elles sont la libre concession de la volonté du Prince, et leur étendue et leurs limites sont déterminées avec clarté par les lois. C'est vraiment le Gouvernement représentatif qui, par une admirable combinaison, réunit en lui seul les deux principes des Monarchies et des Républiques : l'honneur et la vertu. C'est sous lui seul que les princes sont puissans, et que les peuples sont libres; parce que la puissance des princes y est fondée sur l'amour des peuples, et la liberté des peuples sur la souveraineté des lois.

CHAPITRE II.

De la Justice administrative pendant la révolution.

Le Conseil d'État disparut avec les autres institutions de la Monarchie dans le gouffre de la révolution. Quelques-unes de ses attributions cessèrent tout-à-fait d'exister; d'autres passèrent aux nouvelles autorités.

Les matières bénéficiales et féodales se trouvèrent abolies par la suppression du clergé et de la noblesse.

Celles que réglaient les grandes maîtrises des eaux et forêts, les cours des aides, les juridictions prévôtales et autres tribunaux d'exception, et en général les matières civiles et criminelles gouvernées par le droit commun, furent pleinement restituées aux tribunaux ordinaires.

Les évocations, signe de la toute puissance royale, disparues avec elle, réduisirent les causes civiles à deux degrés d'examen.

La Cour de cassation fut instituée, et remplit l'office du Conseil d'État pour venger les infractions des formes et de la loi, et pour régler les juges en matières civile et criminelle.

Le réglement des conflits entre les autorités

administratives et judiciaires fut remis tantôt aux divers comités des assemblées nationales qui exerçaient le pouvoir législatif, tantôt au ministre de la justice.

Enfin les matières administratives, préparées sous la forme d'avis par les administrations municipales et par celles de district, étaient décidées par celles de département, qui, faute de règles, tantôt prononçaient définitivement, tantôt soumettaient leurs décisions, soit aux divers comités de la Convention, soit au Directoire, soit aux différens ministres.

Les pouvoirs, mal définis dans leur principe, étaient sans cesse confondus et violés dans leur application.

Ainsi la révolution bouleversa la législation, comme tout le reste.

Les changemens violens qu'elle fit subitement dans l'ordre politique, et qui n'ont guère subsisté, seront retracés par les historiens.

Mais les changemens qu'elle fit peu-à-peu dans l'ordre civil, dont les applications ont été si universelles, et dont les effets durent encore, veulent être médités par les hommes d'état.

Ce n'est pas une frivole recherche que d'examiner le principe de ces changemens, leur développement et leurs liaisons avec les vues du gouvernement révolutionnaire.

L'Assemblée constituante créa le pouvoir administratif, et fit la faute de ne point assez le limiter. Bientôt après, chaque faction se jeta avec avidité sur ce nouveau pouvoir, et s'en servit comme d'un instrument de domination.

On établit dans chaque département des administrations centrales. Le Gouvernement envoya auprès d'elles des commissaires revêtus de pouvoirs secrets et presque illimités; puis il les remplit et les infesta d'une multitude de ses créatures, satellites obscurs, ardens propagateurs des doctrines révolutionnaires, offrant pour garantie leur perversité, leurs crimes et la haine publique; ennemis farouches de l'ordre et des lois, enivrés d'un pouvoir si nouveau pour eux; ne connaissant d'autres règles que les caprices de l'arbitraire, et ne goûtant, ne voulant de la révolution que sa licence et ses profits.

Ces administrateurs improvisés furent prompts à imiter leurs maîtres, et leur tyrannie devint d'autant plus insupportable, qu'elle pesait de plus près, sans relâche et sans distinction, sur tous les Français.

Le pouvoir administratif, protégé par la terreur, étendait de jour en jour ses attributions, bornait le pouvoir civil, et portait ses mains de tous côtés sur les choses et sur les personnes.

Quant aux choses ;

La noblesse et le clergé possédaient en propriété la plus grande partie du sol de la France.

Le clergé fut supprimé, et ses biens tombèrent dans le domaine national.

La noblesse émigra, et ses biens frappés de confiscation par les lois existantes, furent séquestrés et vendus administrativement.

Les questions relatives à la validité, à l'étendue et aux effets de ces ventes, furent soumises à l'administration.

Les revendications de propriété exercées par des tiers républicoles sur leurs propres biens soumissionnés comme nationaux, étaient même avant la vente abandonnées au jugement des administrations centrales ; de sorte que non-seulement les émigrés, mais les républicoles eux-mêmes ne pouvaient dormir tranquilles à l'ombre des lois révolutionnaires (1).

Les nombreux créanciers, qui avaient à exercer contre les émigrés ou le clergé des actions, soit personnelles, soit hypothécaires, soit de toute nature, furent tenus de produire leurs titres devant l'administration, et de les faire débattre et liquider par elle.

Les femmes des émigrés, pour la reprise de

(1) Loi du 6 floréal an 4.

leurs constitutions dotales, les copropriétaires par indivis pour la liquidation de leurs portions, les pères et mères des émigrés pour les partages de présuccessions, les débiteurs des émigrés ou des corporations religieuses pour le remboursement de leurs dettes, étaient jugés administrativement (1).

Les administrations de département, par haine pour la noblesse et pour multiplier les complices de la révolution, dépouillaient sans formes, sans titres, sans justice et sans même entendre le domaine, les anciens seigneurs de leurs propriétés les plus légitimes, pour les livrer aux déprédations des communes.

Ces mêmes administrations jugeaient, sous prétexte de leurs liaisons avec des intérêts administratifs, de toutes sortes de questions d'état et de propriété, ainsi que de la validité et des effets de baux, de contrats privés, de vente, de donation, de testament, de servitude et d'autres matières régies de tout temps par le droit civil.

Les traités de fournitures étaient, sous le même prétexte et souvent au mépris de la loi sacrée du contrat, rompus, modifiés, réglés par la volonté capricieuse des ministres.

---

(1) Loi du 1er floréal an 3.

C'est alors que les spéculateurs honnêtes et solvables s'éloignèrent d'un gouvernement sans loyauté, et qu'on vit des traitans sans solvabilité et sans crédit, assiéger les bureaux des ministères, et tour-à-tour corrupteurs et corrompus, se partager entr'eux les dépouilles de la fortune publique.

Quant aux personnes :

Leur surveillance fut ôtée aux tribunaux, et dépouillée de ses formes légales ; la puissance exécutive, dans la fécondité de ses développemens, enfanta la haute police; et ce pouvoir monstrueux de suspendre arbitrairement et impunément la liberté des citoyens fut encore remis à la discrétion de l'administration.

En outre, les tribunaux révolutionnaires, les commissions militaires, les commissions spéciales, les commissions extraordinaires, étaient autant d'émanations du pouvoir administratif, autant de dérogations au droit commun, autant d'armes confiées aux mains du gouvernement, et dirigées contre le repos, la sûreté, et la vie des citoyens.

Les Assemblées nationales, entraînées par le torrent de la révolution, et occupées sans cesse soit à assouvir leurs ambitions et leurs vengeances, soit à relever le frêle édifice de leurs constitutions qui s'écroulaient les unes sur les autres, n'avaient point le loisir de jeter leurs regards sur l'organisation intérieure des départemens, et sur la meilleure distribution de la justice administrative. Aussi la plupart des lois de ce temps, quoiqu'elles favorisassent avec complaisance par leur principe les usurpations de l'autorité administrative, ont négligé de s'expliquer clairement sur la nature des attributions des administrations centrales et sur leurs limites, sur les cas d'appel et sur les autorités où ces appels devaient être déférés, sur les distinctions qui séparent l'administration contentieuse de l'administration réglementaire. Peut-être aussi les législateurs révolutionnaires ont-ils craint de s'expliquer, de peur d'être obligés de s'arrêter eux-mêmes devant les limites qu'ils auraient posées; car l'usurpation des pouvoirs judiciaires servit merveilleusement l'usurpation des pouvoirs politiques. En effet, les formes protectrices des tribunaux, les lenteurs même de leur procédure, la solennité de leurs débats, la justice universelle des lois qu'ils appliquent et l'indépendance des juges, sont autant de garanties pour les citoyens; mais le despotisme d'un seul ou de plusieurs veut une procédure vive, des débats secrets, des juges amovibles, de courts jugemens, et surtout une prompte exécution : or l'autorité administrative rassemblait plutôt ces dernières conditions que l'autorité judiciaire. J'ai fait voir ce qui arriva : le pouvoir administratif, pour le profit de la révolution, envahit les choses et les personnes ; les matières civiles se détachèrent des tribunaux, et vinrent s'engloutir dans le gouffre des administrations de district et de département, et la liberté de tous les citoyens obscurs ou puissans, riches ou pauvres, fut de toutes parts inquiétée, poursuivie, enchaînée au nom de la liberté même.

CHAPITRE III.

Du Conseil d'État sous le régime consulaire et sous le régime impérial.

J'AI traversé les orages de la révolution, et j'arrive au Conseil d'État de Bonaparte. Il faut, avant tout, que je fasse voir le jeu de ses fonctions dans le système politique d'alors.

Le Gouvernement consulaire, sorti des fatigues de la révolution, ramenait l'ordre et faisait route vers la Monarchie.

C'est en vain que, pour flatter les partisans de la démocratie, on avait imposé aux institutions nouvelles les dénominations de la république de Rome.

On oubliait sans doute que la liberté de cette Rome avait expiré sous les faisceaux consulaires d'Auguste.

C'est ainsi que, par les mêmes voies, le Consul de la République française marchait à grands pas vers l'Empire.

Recherchons quelles causes générales agirent peu-à-peu sur la constitution de l'an 8, la modifièrent, puis l'anéantirent, et comment Bonaparte associa le Conseil d'Etat aux vastes projets de son ambition.

C'est une vérité d'expérience que les Constitutions dressées à la hâte, dans les bouleversemens des Empires ne remédient en général qu'aux maux présens. La prévoyance des maux à venir n'entre guère dans la pensée de législateurs si pressés (1).

Ils considèrent uniquement les circonstances où ils se trouvent, les besoins les plus urgens du peuple et surtout la disposition actuelle des esprits.

Si le principe du nouveau Gouvernement venait à choquer subitement ces choses là, il faudrait, ou que le Gouvernement fût renversé, ou que l'on s'écartât du principe dans son application.

C'est ainsi que quand un peuple est las des violences du despotisme, il se réfugie de lui-même dans l'asile d'une constitution libérale, comme il est arrivé parmi les Romains après la Royauté, et parmi nous après l'Empire.

---

(1) Cette règle générale a des exceptions, et ne peut évidemment s'appliquer à la Charte. Nous avons pris, dit le Roi dans son préambule, toutes les précautions pour que cette Charte fût digne de nous et du peuple auquel nous sommes fier de commander. Des hommes sages et choisis dans les premiers corps de l'État se sont réunis à des commissaires de notre Conseil pour cet important ouvrage.

C'est ainsi que quand il est las des violences de la liberté, il cherche le repos sous le règne d'un seul, comme il arriva parmi nous après les orageux essais de la République.

Le peuple, dans le premier cas, ne mesure pas les périls où la licence du régime démocratique peut le précipiter.

Dans le second cas, il ne sent pas encore peser sur lui les chaînes de la tyrannie.

Il ne sent que ses maux présens, et ne veut que les soulager.

Mais le chef de la nouvelle révolution que l'avenir seul inquiète, et qui observe la situation des esprits, ne laisse point à la multitude le temps de se reconnaître, et l'entraîne si vite et si avant dans les voies profondes que son ambition a tracées, que bientôt elle ne peut plus en sortir.

Nous allons voir comment Bonaparte fit servir habilement à ses vues la disposition générale où il trouva les esprits en France.

On était frappé des abus de la concentration de la puissance législative dans deux assemblées.

On était las de voir ces assemblées fabriquer à la hâte, en tumulte, et par acclamation, une foule de lois indigestes et contradictoires, et entraver dans ses développemens les plus réguliers l'action du pouvoir exécutif.

On redoutait ces orateurs de tribune qui, par

leurs motions indiscrètes ou violentes, n'avaient que trop souvent porté le trouble dans la marche du Gouvernement, et la terreur dans les familles.

Pour remédier à ces abus, on commença par distribuer le pouvoir législatif dans trois corps distincts, le Sénat, le Tribunat et la Chambre des Députés.

On passa dans un autre excès : on ôta aux Députés et au Sénat l'initiative ; on les condamna au silence, et peu à près on retrancha le Tribunat de la constitution.

On créa un Conseil d'Etat qui fut placé près du pouvoir exécutif et qui fut chargé, sur la proposition du Gouvernement, de rédiger les lois et de les porter aux Députés.

Le peuple respira un moment ; il se crut libre.

Il ne comprit pas que tout Gouvernement, quel qu'il soit, s'il n'est retenu par un frein constitutionnel sans cesse agissant, va droit au pouvoir arbitraire : c'est que la tendance naturelle des choses le veut ainsi.

En effet, les ministres les plus libéraux sont gâtés par l'exercice du pouvoir ; dans un grand empire où les difficultés de l'administration sont nombreuses et veulent être facilement applanies, où les plus beaux projets exigent souvent un plan uniforme, du secret dans leur développement, et le sacrifice de quelques intérêts individuels et locaux, où le salut de l'Etat veut que tous les partis se concilient ou se taisent; les ministres redoutent les lenteurs des assemblées délibérantes, les résistances et les indiscrétions de la tribune; ils voudraient secouer les incommodités d'un tel joug, et se laissent entraîner au despotisme, souvent à leur insu, et par l'illusion même du bien public.

Comment donc ce frein constitutionnel, si importun aux ministres les plus libéraux, n'aurait-il pas été brisé sous ce guerrier qui, absolu par caractère, par système et par habitude, gâté par la victoire, enivré par la fortune, imposait à toutes les résistances la loi de sa volonté, qui, accoutumé à l'obéissance passive des soldats, voulait ramener dans l'administration les formes, la discipline et l'unité du régime militaire, enfin qui ayant nommé lui-même tous les fonctionnaires de l'ordre administratif et de l'ordre judiciaire, les tenait sous sa main par les liens de la création, des honneurs, de l'intérêt et de la crainte.

Ainsi les vices de l'organisation politique, la disposition générale des esprits et le caractère particulier du chef, les garanties ôtées à la liberté de tous, et les facilités accordées à l'ambition d'un seul; toutes ces causes faisaient prévoir qu'on dériverait insensiblement de la constitution, et que le pouvoir législatif allait se concentrer de plus en plus dans le Conseil d'État. C'est ce qui arriva, et c'est aussi ce qui devait arriver.

En effet, Bonaparte se serait-il accommodé d'une Chambre de Députés qui auraient été nommés directement par le peuple, qui auraient tiré leur indépendance de leur fortune, qui auraient fait de courageuses résistances au conquérant, et ligué contre lui toutes les puissances de l'opinion.

Il savait bien au contraire qu'il plierait plus facilement à ses vues un Conseil composé d'hommes que le choix seul du souverain y appelle, que sa présence dirige, que sa faveur caresse, que son caprice destitue, et qui sont d'autant plus flattés de participer à l'exercice du pouvoir que le reste de la nation est plus courbé sous le joug.

C'est ce Conseil qui, fidèle aux impulsions du chef, seconda si puissamment l'action de son Gouvernement intérieur.

Ses attributions se grossirent bientôt de toutes celles que Bonaparte, dans les ombrageuses jalousies de son pouvoir, avait ôté successivement au corps législatif, au tribunat, aux ministres.

Alors le Conseil d'État resta seul chargé de préparer les lois et de les défendre devant le Corps législatif, ce corps sans parole et sans âme, qui les approuvait pour la forme seulement.

Il arriva de là que si la loi était obscure, ce n'était pas le Corps législatif qui l'interprétait, mais le Conseil d'État ; ce qui, au fond, était assez raisonnable, puisqu'au fond le Conseil d'État était le seul législateur, et que sous ce rapport nul ne pouvait mieux interpréter la loi que le législateur lui-même.

Bientôt ce Conseil, après avoir usurpé l'interprétation des lois, sous le nouveau prétexte de pourvoir à des besoins urgens, fit l'office du Corps législatif, dans le long intervalle des sessions de ce corps.

Enfin, comme des infractions en amènent toujours d'autres, il parut plus expéditif et plus commode de faire, dans tous les temps, régler par de simples décrets une foule de matières qui auraient dû être réglées par des lois ; de sorte que le Conseil d'État, sans paraître faire violence à la constitution, expliqua dans ses avis les décrets qu'il avait proposés.

D'autres causes contribuèrent encore à augmenter les attributions, l'influence et l'éclat du Conseil.

Souvent Napoléon, du fond de ses camps, renvoyait de propre mouvement à la délibération du Conseil les projets de ses ministres, soit par méfiance d'eux et pour les tenir continuellement pendant son absence sous la surveillance jalouse d'une autorité rivale, soit pour donner à ses décrets cette espèce de sanction que l'opinion du peuple attache toujours plus volontiers à l'ouvrage de plusieurs qu'à celui d'un seul.

Souvent aussi les ministres sollicitaient eux-mêmes pour les plus simples projets la délibération préalable du Conseil, non moins pour mettre leur responsabilité à couvert vis-à-vis du peuple, que pour la mettre à couvert vis-à-vis du Souverain d'où venaient le châtiment et la récompense.

Les directeurs généraux des administrations qui avaient entrée et voix délibérative au Conseil demandaient aussi, pour se décharger de la responsabilité morale de l'exécution, que les réglemens qu'ils devaient appliquer fussent discutés dans le Conseil en leur présence.

Napoléon, qui se piquait de réunir aux talens militaires, les connaissances variées de l'administration intérieure, de la politique, du commerce et de la législation, se plaisait dans les discussions du Conseil d'État, et y parlait souvent. La dévorante activité de son génie que ne pouvaient suffire à épuiser ni les fatigues de la guerre, ni l'enfantement de ses projets gigantesques, remuait toutes les matières, et demandait sans cesse qu'on lui jetât de nouveaux alimens.

Enfin il gouvernait les pays conquis, et char

geait ou modifiait leur législation intérieure par de simples décrets délibérés au Conseil.

Ces diverses causes firent que toute l'administration reflua vers le Conseil d'État, qui devint une immense fabrique d'avis, d'interprétations, de décrets, de lois déguisées sous la forme de décrets, et de réglemens d'administration publique.

Ainsi Napoléon, sous la faveur du Conseil, ménageait à ses actes quelques apparences d'une délibération légale; mais sa volonté seule était toujours au fond de cette délibération.

Il ne tira pas moins habilement parti des personnes que des choses.

Son Conseil empruntait le plus vif éclat de la renommée personnelle de ses membres; presque tous se faisaient remarquer, soit par leur éloquence, soit par la variété de leurs talens, soit par leur expérience consommée dans les affaires. Les noms de quelques-uns brillent encore à la tête de nos codes et dans les fastes de la jurisprudence. Au-dehors, ils étaient placés dans les ambassades et dans l'organisation des pays conquis et réunis. Au-dedans, ils remplissaient les postes des ministères; ils dirigeaient les administrations générales; ils developpaient seuls les propositions législatives devant les députés et le sénat; ils présidaient les cours judiciaires; ils surveillaient l'instruction publique; ils administraient les départemens; ils gouvernaient la police de l'Empire.

Je suis bien loin de vouloir établir que le principe du Gouvernement impérial fût bon en lui-même; mais j'ai voulu seulement prouver que le Conseil d'État était conséquent à ce principe.

Je ne rechercherai pas si, en servant ce principe, le Conseil ne l'a pas aussi quelquefois choqué.

Cette recherche me détournerait des questions que j'ai plus particulièrement en vue d'approfondir. Je suis pressé d'arriver au but, et je ne veux pas épuiser la matière.

La postérité, qui doit juger les actes de ce Conseil, a déjà commencé pour lui : il ne m'appartient pas de prévenir son jugement.

Je dirai seulement que le code de nos lois civiles, ouvrage magnifique de ce Conseil, a résisté à la chute du trône impérial et à l'évanouissement de nos conquêtes, comme les tables des lois de Rome sont restées debout parmi ses ruines.

Je dirai que tant de décrets injustes et arbitraires ne sont point l'expression de l'opinion du Conseil, mais de la volonté d'un seul homme. Combien de fois n'a-t-il pas servi le peuple, en modérant les saillies fougueuses du chef par la lenteur et les sages avertissemens de sa délibération ? Quelles improbations auraient été plus éloquentes que ces longs et taciturnes silences qui s'y faisaient par intervalles ! Et que de fois aussi plusieurs de ses honorables membres n'ont-ils pas fait entendre avec courage, devant le souverain même, et parmi les murmures des plus serviles complaisances, des accens de vertu et de liberté !

J'ai examiné le Conseil impérial dans ses rapports avec le principe de ce Gouvernement ; il me reste à le considérer dans ses rapports avec les intérêts privés des citoyens.

C'est ce qui me conduit à parler de la Commission du contentieux, section du Conseil qui appliquait à ces sortes d'intérêts la législation administrative.

CHAPITRE IV.

De la Commission du Contentieux.

Je vais exposer, d'une manière sommaire, les causes de l'établissement de la Commision du contentieux, sa procédure, ses attributions, sa jurisprudence.

J'ai déjà fait voir qu'après la suppression de l'ancien Conseil et des intendances, la justice administrative passa aux administrations de district, aux administrations de département, aux divers comités des assemblées nationales, au directoire. Enfin elle demeura confondue avec l'administration active dans les mains des ministres qui confirmaient ou annullaient à leur gré les décisions des autorités inférieures.

Mais la corruption des bureaux, les surprises faites à la religion des ministres, le défaut d'une procédure régulière, la lenteur et quelquefois le déni de justice, mettaient en danger les plus chers intérêts des citoyens.

D'ailleurs la même autorité ne pouvait administrer et juger.

Pour rémédier à ces abus, le réglement du 5

nivose an 8 ôta l'exercice de la justice administrative aux ministres, pour le placer dans le Conseil d'Etat.

Ensuite la loi d'organisation du 28 pluviose an 8 créa les tribunaux administratifs, pour prononcer, au premier degré, sur le contentieux de l'administration. Ces tribunaux sont les conseils de préfecture.

Les travaux immenses du Conseil d'État, la forme de ses délibérations générales, ne permettaient ni à ce Conseil, ni à ses sections, de suivre dans leurs détails l'instruction des affaires contentieuses.

Le soin de préparer cette instruction fut confié, par le décret du 11 juin 1806, à la Commission du contentieux, qui fut composée de six maîtres des requêtes, de six auditeurs, et présidée par le Grand Juge, ministre de la Justice.

Ce qui regarde l'introduction des instances, la constitution des avocats, la communication des requêtes, la forme et le nombre des écritures, les défenses, les oppositions, les délais, les recours, les incidens, les déchéances, l'exécution des jugemens, et les dépens, a été réglé et prévu par le décret du 22 juillet 1806.

J'exposerai simplement la marche de l'instruction.

Les affaires s'y traitaient par voie de requêtes et non par voie de plaidoiries. Lorsqu'après l'expiration des délais, la discussion s'était établie contradictoirement entre le demandeur et le défendeur, le Grand Juge chargeait un auditeur de l'examen des pièces. Celui-ci préparait son rapport, développait les faits, les moyens respectifs des parties, leurs conclusions, résumait son opinion, et présentait un projet de décret; ce projet, discuté dans la Commission, révisé par un maître des requêtes, délibéré au Conseil et et approuvé par le chef du Gouvernement, était converti en décret définitif et exécutoire.

Je passe à ses attributions.

On portait devant cette Commission, ainsi organisée, ainsi agissante, l'appel des arrêtés des préfets, rendus en matière administrative contentieuse, dans les cas où la loi leur confère cette sorte d'attribution;

L'appel des arrêtés des conseils de préfecture, en matière de domaines nationaux, de liquidation de droits d'émigrés, de grande et de petite voirie, de contributions directes, de marchés passés avec les entrepreneurs de travaux publics, de réglemens d'eau, de desséchemens de marais, d'établissemens d'usines, d'octrois, de baux administratifs, de rentes cédées à des hospices;

L'appel de toutes les décisions ministérielles intervenues à l'occasion des fournitures faites pour les différens services publics, et de toutes sortes d'autres objets de nature contentieuse;

L'appel des arrêtés de préfets et des décisions du ministre des finances, en matière de décompte du prix des ventes de biens nationaux ;

Les conflits d'attribution entre les administrations et les tribunaux, et enfin une foule d'autres matières contentieuses qu'il serait trop long d'énumérer.

J'arrive à sa jurisprudence.

Les travaux et les services de la Commission du contentieux ont été, sous ce rapport, aussi utiles qu'ils sont ignorés. J'éprouve véritablement le besoin de faire connaître les obstacles qu'elle a surmontés et les améliorations qu'elle a introduites dans la distribution de la justice administrative.

La raison d'Etat, la nécessité des circonstances, l'intérêt du Gouvernement, ont presque toujours été, pendant la révolution, l'âme des lois rendues sur les matières administratives et des décisions prises en interprétation de ces lois par les corps administratifs.

Aussi l'administration souffre impatiemment, même aujourd'hui, une jurisprudence qui la gêne et qui limite ses prétentions et son autorité.

D'un autre côté, les citoyens ont toujours demandé que, pour la prompte expédition des affaires, les compétences fussent réglées, et que l'Etat, dans ses rapports avec eux, fût obligé, pour la garantie de leurs droits, de se soumettre jusqu'à un certain point aux maximes de la législation civile.

Cependant ces justes réclamations n'étaient pas écoutées, avant l'établissement de la Commission du contentieux.

Le Gouvernement souffrait volontiers un abus dont il tirait sa force et sa sûreté. L'esprit intolérant de la révolution dominait encore. Le principe de la loi politique avait envahi toutes les matières civiles. Les administrateurs s'étaient fait juges. Le Gouvernement craignait, non sans raison, que les tribunaux ne se pliassent pas avec assez de complaisance à ses directions, et qu'accoutumés à appliquer les maximes éternelles de la justice, ils ne fussent révoltés de l'iniquité de certaines lois. Chaque administration départementale réformait, modifiait, rapportait ses propres arrêtés, et jugeait sans règles, sans formes, sans unité de doctrine. Chaque ministre appliquait la loi selon le système qu'il s'était construit et selon l'intérêt du moment.

D'ailleurs la multitude, l'obscurité, les contradictions, la fiscalité et l'injustice des lois révolutionnaires favorisaient singulièrement l'arbitraire des interprétations; et tandis que de bonnes lois civiles, ainsi que l'épuration des tribunaux (auxquels cependant manquait encore l'inamovibilité) commençaient à offrir aux citoyens les plus heureuses garanties pour la distribution de la justice ordinaire, les affaires administratives contentieuses étaient le plus souvent abandonnées aux caprices d'un chef de bureau, à son ignorance, à sa corruption.

Dans ces circonstances, l'institution de la Commission du contentieux fut un bienfait public. Les citoyens se rassurèrent, des avocats probes et éclairés défendirent leurs intérêts, les bureaux perdirent leur influence, et la Commission se développa et s'affermit dans sa marche.

Forcée de respecter les lois de la révolution, malgré la conviction de leur injustice, parce que le repos intérieur de la France, la fortune et les intérêts nouveaux d'un grand nombre de citoyens étaient attachés à leur conservation, elle en adoucit du moins les rigueurs, elle en rectifia l'application, elle en corrigea le principe; elle resserra de toutes parts les empiétemens des corps administratifs; elle les renferma dans les bornes légales de leur compétence; et après avoir défini et classé les différens pouvoirs, elle les ramena peu à peu au véritable esprit de leur institution.

D'abord, elle établit comme fondement de sa jurisprudence et garda avec une scrupuleuse sévérité cette règle, que toutes les questions de propriété appartiennent essentiellement aux tribunaux : règle universelle, dont les exceptions ne peuvent être déterminées que par des lois, et qui s'applique à l'Etat comme aux citoyens.

Elle restitua à ces mêmes tribunaux les questions relatives à l'interprétation, à la validité et à l'exécution des baux même administratifs.

Elle contraignit, en matière de domaines nationaux, les conseils de préfecture à ne puiser les motifs de leurs décisions que dans les actes qui avaient préparé et consommé la vente.

Elle réprima les entreprises des conseils de préfecture sur les tribunaux, des préfets et des ministres sur les conseils de préfecture.

Elle abrégea les voies de l'instruction, en séparant ce qui est administratif de ce qui est contentieux.

A l'aide de ces distinctions et de plusieurs autres également vraies, également sages, la commission traça aux conseils de préfecture, jusqu'alors incertains dans leur marche, les méthodes d'après lesquelles ils devaient interpréter et appliquer les lois administratives. Plusieurs décrets émanés de la Commission, qui renfermaient des cas singuliers et des principes généraux sur les différentes matières, furent rendus publics.

Les citoyens connurent alors plus clairement la mesure de leurs droits ; les préfets et les conseils de préfecture, la règle de leurs décisions et les limites de leur autorité. Il arriva de là que les particuliers s'engagèrent moins fréquemment dans des contestations ruineuses, et que les préfets et les conseils de préfecture observèrent la loi avec plus de circonspection et d'équité.

Les conflits entre l'administration et les tribunaux, qui trop souvent suspendaient la distribution de la justice, furent également mieux réglés, et par conséquent devinrent moins nombreux.

C'est ainsi que, par degrés, il se forma un corps de jurisprudence assez complet, et que toutes les matières du contentieux administratif commencèrent à être gouvernées par des principes à-peu-près aussi réguliers que ces sortes de matières, si variables de leur nature, et essentiellement subordonnées au système général de l'administration, peuvent le comporter.

Je dois encore ajouter que les ministres qui avaient cessé de juger seuls, souverainement et sans appel, craignirent alors la révision attentive et le débat contradictoire de leurs décisions attaquées devant la Commission du contentieux; ils laissèrent moins souvent tenter ou surprendre leur religion; ils rendirent moins de ces décisions précipitées et injustes qui leur échappaient quelquefois, malgré eux, au milieu des embarras d'une vaste administration, et qui blessaient les droits des tiers.

Cet appel au troisième degré, qu'il était permis

d'interjetter, en même temps qu'il offrait aux citoyens une garantie de plus, imprimait aussi aux arrêts du Conseil cette sanction des bons esprits qui s'attache toujours aux jugemens rendus avec maturité et connaissance de cause. De sorte que le Gouvernement était intéressé en cela, aussi bien que la justice.

Tels ont été le but, la forme, la direction et les résultats des travaux de la Commission du contentieux.

Si elle échappa aux influences impériales, c'est que le despotisne n'a habitude de peser que sur les masses, et qu'il n'intervient guère dans les débats des particuliers.

Pour juger du bien que la Commission du contentieux a fait, il faut voir d'où elle est partie, et où elle est arrivée.

Elle a retiré du gouffre de l'arbitraire la justice administrative; avancé dans le silence et par degrés, vers le perfectionnement de la juridiction contentieuse; corrigé l'application des lois de révolution, d'exception, de circonstance; éclairé la marche de l'administration; retenu les préfets et les ministres dans les bornes de leurs devoirs, par la crainte de sa révision suprême; restitué les citoyens à leurs juges naturels; secouru le principe de la propriété; affermi la liberté civile.

La sagesse du Roi a conservé une institution si propre à seconder les vues d'un Gouvernement paternel. Elle applique aujourd'hui les mêmes lois, procède par les mêmes formes, continue la même jurisprudence, et fait le même bien.

Si la Commission parmi tant d'avantages présentait quelques abus, ces abus existent encore et peuvent être retranchés.

Si la Commission pouvait recevoir des améliorations importantes dans l'intérêt commun de l'Etat et des citoyens, ces améliorations sont encore à faire.

C'est ce que nous verrons plus tard, en traitant de la juridiction administrative.

Nous venons d'envisager le Conseil d'Etat comme corps politique et comme juridiction, sous l'ancienne Monarchie, sous la République et sous l'Empire.

Maintenant examinons le Conseil d'État sous les mêmes rapports, dans notre Gouvernement représentatif.

TITRE II.

CHAPITRE UNIQUE.

Du Conseil d'État, dans ses rapports avec notre Constitution politique.

DEPUIS quelque temps on attaque l'existence du Conseil d'État.

Il doit être permis, sous un Gouvernement constitutionnel, d'examiner le principe de toutes les institutions, leurs attributions, leur influence, leur mérite et leurs résultats. Cet examen, périlleux dans les Gouvenemens absolus qui reposent sur la crainte révérentielle des peuples, est nécessaire dans les Gouvernemens représentatifs qui reposent sur la conviction éclairée des citoyens. Si, dans ces derniers, la puissance irrésistible de l'opinion pousse et renverse les institutions; si ces institutions s'y écroulent au milieu du choc des discussions, on ne peut rien en conclure, sinon que leur fondement n'était pas solide.

Mais comme il est permis d'attaquer le Conseil, il est sans doute aussi permis de le défendre.

Je l'ai déjà dit : le Conseil d'Etat est une institution dont le jeu, sous la Monarchie constitutionnelle, est encore mal connu. Le Ministère lui-même, depuis la Restauration, comme si l'ombre du Conseil impérial l'effrayait encore, n'a trop su long-temps quelle place et quelles fonctions assigner au Conseil d'État actuel. Ne nous en étonnons point. C'est le propre des constitutions qui se fondent, de ne procéder d'abord qu'avec lenteur, dans le doute et dans l'essai.

Je marche moi-même sur un terrain glissant; il peut arriver que je faillisse :

Avançons cependant.

Parmi les objections dirigées contre l'existence du Conseil, je choisirai les principales. On soutient :

Que le Conseil d'Etat est une institution contraire à la Charte ;

Qu'il est dangereux dans un Gouvernement représentatif;

Qu'il n'est pas utile au Ministère ;

Qu'il est trop nombreux ;

Qu'il est trop payé.

Examinons successivement ces objections.

Et d'abord, dire que le Conseil n'entre point dans la Charte, comme élément de la constitution de l'Etat, c'est créer à plaisir un fantôme pour le combattre.

En effet, le Conseil actuel ne prétend pas s'arroger une existence politique. Non-seulement il n'entre point dans la Charte comme pouvoir constitué, mais il est, dans ce sens, contraire à son esprit, à sa lettre.

A côté de Ministres responsables, il ne peut y avoir une autorité indépendante qui réforme leurs projets, y substitue les siens, les fasse ensuite sanctionner par le Roi, adopter par les Chambres, et exécuter par les Ministres qui ne les auraient ni proposés, ni délibérés, ni consentis.

On ne conçoit pas la responsabilité individuelle d'un corps délibérant; elle ne peut évidemment atteindre que les Ministres; et le nécessaire effet de l'institution des Chambres et de la responsabilité ministérielle est d'ôter au Conseil toute existence politique.

On craint toutefois que, faible dans ses commencemens, il ne menace peu à peu les libertés de la nation et n'envahisse les prérogatives des Chambres. On invoque les exemples du passé. Ces exemples tiraient toute leur force de circonstances qui ne sont plus.

Dans les Gouvernemens absolus, où le despotisme ne rencontre point d'obstacles, il se développe à son aise; il ne souffrirait pas que le Conseil d'Etat, de même que tout autre corps, exerçât à côté de lui un pouvoir indépendant. Seulement il se manifeste volontiers au peuple, sous le nom de ce Conseil, pour investir ses exécutions de quelque apparence légale.

Mais notre Conseil actuel ne ressemble pas plus au Conseil de l'ancienne Monarchie, et au Conseil de l'Empire, que nos tribunaux ne ressemblent aux anciens parlemens. On a vu ces parlemens, sous des minorités faibles et agitées, usurper les pouvoirs politiques, affecter l'empire et régenter les Rois. En faut-il conclure que le pouvoir judiciaire menace aujourd'hui d'engloutir les autres pouvoirs? Qui a peur de cela? qui y pense même! Ne voit-on pas qu'en changeant le principe d'un Gouvernement, on change aussi ses institutions qui viennent insensiblement s'accommoder à ce nouveau principe? Est-il possible de redouter, sous notre Gouvernement représentatif, les usurpations d'un Conseil d'Etat amovible, dépendant, salarié, qui n'existe que par la seule volonté du prince, qui ne peut s'assembler et se mettre en mouvement de lui-même, qui reçoit du Ministère son impulsion et sa direction, qui est surveillé par l'œil jaloux et sans cesse ouvert de deux Chambres toutes puissantes, et par des ministres qui sont, avant tous les autres, intéressés à réprimer ses moindres entreprises, et qui peuvent le condamner au silence, le restreindre, le dissoudre, le renouveller?

En dernière analyse, le Conseil n'a pouvoir ni de proposer, ni d'exécuter. Le Ministère le consulte s'il lui plaît, quand il lui plaît, et sur ce qu'il lui plaît, adopte ou rejette, ou modifie ses avis en tout ou en partie, et s'offre seul aux accidens de la responsabilité.

Dans de pareilles limites et sous ce rapport, il est impossible de prouver que le Conseil soit dangereux, et il est chimérique de craindre qu'il ne le devienne.

Mais si le Conseil d'État n'est point, s'il ne peut être un des pouvoirs constitués; s'il ne peut ni gouverner, ni interpréter les lois, ni les proposer, ni les faire, ni juger, est-il néanmoins utile qu'il y en ait un; et s'il y en a un, quelle forme doit-il prendre, et quelle direction doit-il suivre?

Quelques explications, et je serai mieux compris.

Le Conseil d'État, considéré dans ses rapports avec chaque Gouvernement, suit leur différente nature.

Un Conseil d'État était inutile dans les Républiques de l'antiquité, parce que les citoyens ne s'y trouvant jamais que dans un nombre limité, ils pouvaient traiter les affaires dans les assemblées générales et y étaient à eux-mêmes leur propre conseil.

Un Conseil d'État est indispensable dans une Monarchie absolue; il y aide le prince à porter le fardeau de son gouvernement; il éclaire sa religion; il lui fait entendre les plaintes et les besoins de ses sujets; il prépare les lois, qui n'y paraissent plus alors, comme dans les états despotiques, l'expression de la volonté subite et capricieuse du prince, mais la manifestation de sa volonté réfléchie et délibérée; enfin il surveille, dans l'intérêt du souverain comme dans celui du peuple, les actes des ministres, et réprime les abus de leur administration. Le peuple qui, dans cette espèce de gouvernement, a si peu de défenses et de garanties, doit désirer que le Conseil y soit érigé en autorité, parce qu'il trouve au moins, dans cette autorité, quelques protections et quelque refuge.

Un Conseil d'État n'est point indispensable sous un Gouvernement représentatif. Il serait dangereux, s'il entrait dans la Constitution comme pouvoir, parce que, permanent de sa nature, placé au centre du Gouvernement, et presque sur les marches du trône, il pourrait se liguer avec le pouvoir exécutif, et envahir peu à peu tous les autres pouvoirs : s'il n'anéantissait pas la liberté, il l'inquiéterait du moins trop vivement. Mais il peut exister utilement à côté de la constitution, sinon dedans, comme Conseil du Gouvernement, pour l'éclairer dans l'exercice de la portion du pouvoir législatif que le Roi s'est réservée par la Charte, pour l'aider dans l'exercice du pouvoir exécutif et réglementaire qu'il s'est retenu tout entier, et pour diminuer les accidens de sa responsabilité, en préparant les réglemens généraux d'administration et les projets de lois soumis aux deux Chambres.

Le ministère, sous une Monarchie absolue, peut jusqu'à un certain point laisser flotter ses actes dans l'arbitraire ; mais sous une Monarchie constitutionnelle, toutes ses propositions sont combattues, toutes ses fautes sont relevées, toutes ses démarches sont surveillées par les regards perçans de l'opposition. Il ne peut s'écarter un moment de la route des lois, sous peine de responsabilité.

Cette responsabilité ne s'attache qu'aux actes d'exécution : or il ne faut pas croire qu'il soit moins difficile d'exécuter les lois que de les faire. Dans un royaume aussi étendu que la France, et dans l'état avancé de notre civilisation, les lumières, la liberté, la propriété, le commerce, ont multiplié à l'infini les relations des citoyens, soit avec le Gouvernement, soit entre eux, établi des droits et des intérêts qu'il faut garantir, et même des opinions qu'il faut ménager. Il se présente à chaque moment, dans chaque ministère, mille difficultés d'exécution qu'un seul homme, quelle que soit son habileté, ne peut ni toutes comprendre, ni toutes suffire à résoudre; les ministres ne peuvent donc se passer de Conseil.

Il est naturel sans doute que l'opposition désire retrancher le Conseil d'État, parce que voulant la chute du ministère, elle veut et doit vouloir lui ôter tous ses soutiens, et parce qu'il y a moins de périls à combattre un ennemi nu et sans défense, qu'un ennemi qui se tient sur ses gardes et qui est armé de toutes pièces.

Mais par un intérêt contraire, le Gouvernement doit proportionner sa résistance à l'attaque, et c'est ainsi que, du choc de deux forces égales, naît l'harmonie du Gouvernement représentatif.

Ne livrez donc pas au Gouvernement de trop larges prérogatives, de peur qu'il ne rompe l'équilibre des pouvoirs; mais du moins laissez-lui déployer avec liberté son action et ses défenses: l'expérience n'a-t-elle pas assez prouvé qu'en

France, des Chambres sans cesse triomphantes et trop pleines de vie et de force, après avoir couru sur le Gouvernement, se renverseraient bientôt elles-mêmes?

Cessons d'ailleurs de nous comparer toujours à d'autres peuples.

Il y a des pays où le Gouvernement agit sans être aperçu ni senti, et comme une providence cachée.

Il y en a d'autres où il agit comme une providence visible et sans cesse présente aux citoyens.

Ainsi la France ne s'accommoderait pas, comme l'Angleterre, d'un vain simulacre de Roi : elle est monarchique par ses mœurs, par ses besoins, par ses souvenirs, par ses habitudes et par une sorte d'instinct naturel : elle a toujours placé dans ses Rois sa confiance, sa force et sa grandeur. N'en doutons pas, le mépris et l'affaiblissement de la Couronne meneront toujours chez nous à la perte de nos libertés. Ces chères libertés sont assises avec le Monarque sur le trône; s'il s'écroule, nous périssons avec lui, avec elles. Ne diminuons donc pas l'influence de la Couronne dans les débats des Chambres. En vain on dira que sous le Gouvernement constitutionnel les orages assiégent le pied du trône, et ne troublent point la sécurité du Monarque; en vain on établira en principe, et avec raison, sous le rapport de la responsabilité, que le ministère n'est pas le Gouvernement, que le Roi seul est inviolable et non ses agens ; il n'en restera pas moins vrai, dans le fait, que les Chambres attaquent les ministres corps à corps, et que les ministres et le Roi sont si étroitement unis, qu'il est bien difficile de porter de rudes coups au ministère sans que la puissance royale n'en soit un peu effleurée. L'esprit de bouleversement peut se glisser un jour dans les Chambres, corrompre l'opinion, et pendant les troubles d'une minorité ou d'une guerre étrangère, assaillir un trône mal défendu par un prince timide, ou par un faible ministère. Il faut donc prévoir l'avenir, craindre des Chambres turbulentes, et se tenir prêt à tout.

Prenons y garde, et ayons la bonne foi d'en convenir : ce n'est pas aujourd'hui du côté de la Couronne que vient le danger ; elle n'asservirait les Chambres que si elle pouvait leur ôter la parole : tant qu'elles parleront, les Chambres seront toujours assez puissantes, et la nation toujours assez avertie. Mais il faut que le Gouvernement les suive pas à pas, et brise leurs résistances, non par sa force, mais par sa sagesse. Ce chêne, encore arbrisseau, qui s'élève peu à peu du sein de la terre, va bientôt pousser de profondes racines, et durant plusieurs siècles protégera nos neveux de son ombre. C'est la liberté. Voulez-vous qu'elle dure? il faut qu'elle soit lente à se fonder.

C'est donc pour le trône que les véritables amis de la liberté doivent aujourd'hui chercher des secours. Et quels secours un Gouvernement sans cesse interrogé, surveillé, combattu, ne trouve-t-il pas dans un Conseil d'Etat? En quelles mains les ministres peuvent-ils mieux remettre la préparation des lois? car ont-ils le temps de les rédiger eux-mêmes? Peuvent-ils consumer à leur examen les heures que réclame la gestion des affaires générales? Si la France a perdu ses conquêtes, si la raison, si l'économie veulent que son administration soit simplifiée et réduite aux bornes de notre pauvreté et de notre territoire, on ne saurait cependant, sans arrêter la machine, lui ôter tout-à-coup plusieurs de ses rouages. D'ailleurs la France a encore un territoire fort étendu et une population de vingt-huit millions d'habitans. Le Gouvernement n'est plus, comme autrefois, soulagé par les administrations provinciales. Tant de besoins, nés de si longues révolutions, tant d'intérêts anciens déplacés, tant de nouveaux intérêts créés, tant de lois transitoires qu'il faut exécuter, tant de cas singuliers qu'il faut régler à chaque moment, et qui à chaque moment renaissent, au-dedans, de nos propres misères; au-dehors, de nos relations avec toute l'Europe mêlée parmi nous, ne laissent point au Conseil des ministres le temps de préparer les lois qui demandent des méditations profondes, des recherches, des discussions variées et l'application de toutes les forces de l'esprit.

Abandonneront-ils ce soin à leurs chefs de division? Mais ils n'ont pas l'esprit plus libre que les ministres; ils ne dirigent d'ailleurs qu'une seule partie; ils sont trop affaissés sous le poids des détails, pour s'élever aux vues générales que demande la rédaction des lois.

Enfin le projet de loi doit-il être rédigé par le seul comité établi près du ministre qui le présente? Il faut distinguer : un seul comité suffit pour ébaucher une loi; il ne peut suffire à délibérer; il est trop peu nombreux, trop près du ministre et trop dépendant de lui; ses projets seraient presque toujours l'expression de l'opinion individuelle d'un ministre, plutôt que de l'opinion du ministère.

A qui donc remettra-t-on la délibération des projets de loi ?

A l'assemblée générale du Conseil d'État que, pendant l'intervalle des sessions législatives, les ministres viennent souvent présider. Dans cette assemblée de tous les comités, plus indépendante parce qu'elle est plus nombreuse et parce que les comités réunis n'obéissent plus aux impulsions d'un seul ministre, la vérité rejaillit de toutes parts du choc des opinions; les ministres viennent, dans cette chambre d'essai, éprouver la trempe des armes dont ils doivent se servir dans les Chambres législatives. Chaque projet y est examiné sur toutes ses faces, et ne peut guère ensuite subir d'objections qui n'aient été d'avance offertes et réfutées. Éclairés par ces discussions solennelles, les ministres peuvent modifier et améliorer leurs projets, ou embrasser un autre système plus conforme aux intérêts du Roi et du peuple.

Sans doute il faut que le Gouvernement éprouve une opposition dans les Chambres, parce que d'un côté, cette opposition avertit sans cesse le citoyen qu'il est libre, et que par là il s'attache de plus en plus au Gouvernement; et parce que, d'un autre côté, elle éclaire les pas des ministres et les empêche de faillir. Sous ces rapports, l'opposition est peut-être le plus admirable ressort des Gouvernemens représentatifs, puisqu'elle produit l'habileté du ministère, la stabilité du trône, la liberté des sujets.

Mais il ne faut pas que l'opposition soit trop violente, de peur qu'elle ne partage l'opinion publique, et qu'elle n'entrave la marche du ministère, qu'elle doit seulement éclairer et redresser. Si les Chambres étaient asservies, ou si le ministère était trop faible, l'équilibre de part ou d'autre serait rompu et la constitution serait en péril. Il faut que les Chambres soient éclairées et libres; mais il faut aussi que le ministère soit habile et vigoureux. L'action des Chambres ressemble à un torrent qui sans cesse mine, et qui emporterait ses rivages, s'il n'était sans cesse ramené dans son lit et contenu par de fortes digues. Or un des moyens les plus efficaces de modérer l'opposition sans l'asservir, est sans contredit de présenter aux Chambres, non des ébauches improvisées dans les bureaux, mais des lois bien faites, dont le principe et les bases soient arrêtés dans le Conseil des ministres, dont les détails soient préparés par les divers comités, et enfin dont la délibération soit portée dans l'assemblée générale des comités, dans ce Conseil d'État composé d'hommes de longue expérience, libres des passions de la tribune, placés par leur rang et par leur caractère au-dessus des corruptions qui assiégent les emplois obscurs, et à qui l'habitude de manier les grandes affaires a élevé les vues et élargi l'esprit. Quelles garanties une semblable délibération n'offre-t-elle pas même aux Députés? Et pourrait-on s'offenser de ce que l'opinion d'un semblable Conseil prendrait sur l'opinion des

Chambres cette sorte de recommandation morale et de légitime autorité qu'ont toujours la raison et la sagesse, de quelque part qu'elles viennent?

J'ai dit que la délibération préalable du Conseil sur les projets de loi était utile au Gouvernement.

J'en dirai autant des ordonnances et des réglemens d'administration publique.

Les bureaux peuvent bien, dans chaque ministère, rassembler les détails et préparer la matière des ordonnances, mais il faut qu'elles soient délibérées dans le Conseil. Il est rare en effet qu'une ordonnance ne touche, par son exécution, à une foule d'intérêts divers, et ne corresponde par quelque point à chaque ministère. Chaque ministère a donc intérêt à surveiller la rédaction des ordonnances mêmes qui, en apparence, et par leur titre et leur objet principal, paraissent lui être le plus étrangères. La délibération du Conseil garantit chaque ministre des surprises de ses collègues, et de ses propres erreurs. Elle rectifie ses fausses vues; elle développe, sous toutes ses faces, les inconvéniens de l'exécution; elle a singulièrement cet effet que l'ordonnance devient alors l'œuvre, non d'un seul ministre, mais du ministère tout entier; et elle attache ainsi à tous ses actes l'unité et la solidarité. Enfin, en délibérant les ordonnances, qui sont l'exécution de ces lois à la préparation desquelles il a concouru, le Conseil offre aux citoyens de plus fortes garanties et de plus pressans motifs d'y obéir, puisqu'elles sont devenues, à l'aide de cette délibération, l'expression la plus universelle, la plus sûre et la plus juste de la loi.

Mais lorsqu'il s'agit d'ordonnances, il faudrait, avant tout, convenir de la signification des mots. On n'a jamais jusqu'ici bien déterminé, soit les matières qui doivent être régies par les ordonnances, soit la forme, les effets et le degré de force obligatoire des ordonnances elles-mêmes. On est tombé, à cet égard, dans des méprises singulières.

Ainsi, sous la République, le pouvoir exécutif, s'étant perdu et englouti dans les assemblées législatives, les résolutions les plus minces, des condamnations d'individus, de simples mesures de police ou d'administration restreintes à un objet particulier, y prenaient le nom pompeux de lois.

On sait les bienfaits que ce débordement de lois a répandus sur la France!

Sous le régime Impérial, tandis que le corps législatif prononçait solennellement sur l'aliénation ou l'échange d'une parcelle de bien de communes, on tourmentait la propriété sur toute la face de la France, par des réglemens généraux d'administration publique, mot vague qui n'a jamais été défini, ou plutôt qui signifie, pour celui qui peut tout, tout ce qu'il veut. C'est à l'aide de ce mot que Napoléon gouvernait les royaumes conquis, par de simples décrets, et que le Conseil d'État réglait toutes les matières. Et aujourd'hui même, n'obéissons-nous pas encore à ces décrets qui ont force de loi sans qu'on puisse légalement expliquer d'où leur vient cette force?

Sous les Monarchies constitutionnelles qui ont également en haine les licences de la démocratie et les violences du despotisme, il ne faut pas que les Chambres fabriquent sans cesse des lois : il ne faut pas non plus que les peuples vivent sous le seul régime des ordonnances.

Il serait difficile de marquer les caractères précis qui doivent distinguer les ordonnances des lois. Ceci dépend beaucoup des lieux, des temps, de la forme du Gouvernement, des besoins du peuple, de ses relations, de son caractère, de son nombre plus ou moins grand, de son territoire plus ou moins étendu.

Chez un peuple nouveau, républicain, jaloux de sa liberté politique et peu nombreux, la loi seule règne, seule est obéie, seule est nécessaire. Elle est simple comme les mœurs d'un tel peuple, et bornée comme ses besoins; elle est vivante, parce qu'elle habite dans tous les cœurs. Elle rassemble sous ses yeux tous les citoyens, et règle leurs droits, leurs intérêts, leurs devoirs, leurs actions et même leurs pensées.

Les vieilles nations de l'Europe veulent d'autres distinctions nées de la corruption de leurs citoyens et de la multiplicité de leurs intérêts.

Comme chacun y tient beaucoup à sa liberté civile, c'est-à-dire, au repos de sa personne et à la disposition de ses biens, tout ce qui touche l'une de ces deux choses semble devoir y être réglé par des lois.

A la vérité, il peut souvent se rencontrer dans ces vastes royaumes des nécessités tellement pressantes, qu'il soit indispensable d'y pourvoir de suite par des ordonnances. C'est ainsi que dans le cas d'une invasion subite de l'ennemi, des ordonnances peuvent prescrire des réquisitions ou lever des impôts. Il y a alors une autre loi qui commande : la loi du salut de l'Etat; mais si les peuples de ces royaumes vivent sous le régime constitutionnel, ne serait-il pas plus régulier que ces ordonnances fussent soumises à la prochaine session des Chambres et converties en lois ?

Car autrement, sous prétexte qu'il s'agit d'une matière de pure exécution, les attributions du pouvoir législatif seraient successivement envahies par le Gouvernement, ainsi que sous l'Empire; de même que, par un excès contraire, si on réglait tout par des lois, le Gouvernement passerait dans les Chambres, ainsi que sous la République.

Dans notre Gouvernement représentatif, les ordonnances manqueront toujours de ces quatre caractères des lois : la participation commune du Roi et des Chambres, la maturité d'examen et la publicité des débats, la solennité de la promulgation, et la force essentiellement obligatoire.

Principe général : tout ce qui touche l'exécution des lois ou les matières de pure administration, doit être réglé par des ordonnances.

Tout ce qui touche la liberté de la personne, de l'opinion, de la conscience, et de la propriété, doit être réglé par des lois.

Il y a donc des ordonnances qui ne sont que le développement et l'application des principes généraux posés dans les lois.

Il y en a d'autres qui sont de véritables dispositions législatives auxquelles il ne manque que la forme, le caractère et la sanction des lois.

Ces dernières, que la nécessité seule des circonstances peut tolérer durant l'intervalle des sessions des Chambres, devraient toujours, soit à cause de leur importance, soit à cause de l'universalité de leur objet, être délibérées en Conseil d'État, afin que les citoyens y reconnussent du moins, en l'absence de la loi, sa représentation la moins imparfaite.

Quant aux premières, ils faut distinguer :

Il y a des matières tellement spéciales, qu'elles exigent des connaissances positives et techniques, non-seulement pour les traiter, mais même pour les comprendre : tels sont, par exemple, les réglemens de la guerre et de la marine. Il est évident que la convenance, le mode, et l'application de pareils réglemens ne sauraient être bien appréciés dans l'assemblée générale des comités de législation, du contentieux, des finances et de l'intérieur.

De même, le suffrage des marins ou des militaires est, dans les affaires spéciales des autres comités, plus nuisible qu'utile. Ce sont autant de voix jettées au hasard, et qui servent au triomphe de la bonne comme de la mauvaise opinion : or, il n'y a pire chose que de conseiller ou de juger ce qu'on ne comprend pas.

C'était un des vices de l'organisation du Conseil impérial, qui délibérait tout entier sur le moindre projet de réglement particulier : mode qu'il faut d'autant plus se garder de reproduire, qu'une pareille délibération entraîne beaucoup de longueurs, et que la principale utilité de ces réglemens dressés pour faire face aux nécessités du moment, réside dans la promptitude de leur exécution.

Il y a au contraire des matières qui tombent dans le domaine des idées communes, qui touchent aux besoins et aux intérêts universels de la société, et que tous les administrateurs éclairés, quelle qu'ait été la direction de leurs études, et quelque soit l'objet de leurs travaux habituels, peuvent traiter ou du moins juger à l'aide du bon sens et des droites inspirations de l'équité.

C'est ainsi que les Chambres des Députés et des Pairs prononcent en masse et avec connaissance de cause sur les projets de lois préparés par les diverses commissions établies dans leur sein. De même les différens comités préparent les délibérations du Conseil.

Les lois, dira-t-on, ne règlent que des intérêts généraux. Mais les ordonnances qui sont le développement et l'exécution des lois se rapportent également à des idées générales.

Il faut moins de connaissances spéciales pour juger et pour choisir, que pour préparer.

Une Chambre des Députés, un Conseil d'État ne pourraient préparer et rédiger les détails d'un projet de loi; ils jugent bien de son ensemble et de sa bonté.

Or, si une Chambre composée, en partie, de propriétaires étrangers à la science législative, est apte à faire de bonnes lois, à plus forte raison un Conseil d'État, composé de magistrats et d'administrateurs pleins d'expérience et de lumières, doit-il sagement délibérer sur les affaires d'un intérêt général.

Ces distinctions, tirées de la propre nature de chaque matière, font assez voir ce qu'il faut laisser à la délibération du Conseil, ce qu'il faut lui ôter, ce que le ministre doit renvoyer à son comité, ce qu'il doit retenir.

Il suit de tout ceci, que les ministres, en faisant délibérer le Conseil d'État sur les projets de loi, sentiront s'alléger le fardeau de leur responsabilité, et offriront plus de garanties au Roi et aux Chambres; et qu'en le faisant délibérer sur les projets d'ordonnances qui doivent accidentellement suppléer les lois, ou qui en sont l'exécution, ou qui traitent des intérêts généraux, ils offriront plus de garanties aux citoyens.

Le Gouvernement trouve encore d'autres ressources et d'autres avantages dans l'existence d'un

Conseil. Il y appelle les directeurs généraux des Administrations qui viennent rectifier, par leurs pratiques, ce que les théories, même les plus sages, peuvent avoir de défectueux.

Il peut former à cette école, la meilleure de toutes, ces hommes d'Etat qui ne se nourrissent pas d'abstractions et de pures théories, mais de ces expériences et de ces règles positives qui conduisent les affaires humaines. Il peut recruter le ministère, en cas de vacance, parmi des hommes pénétrés des mêmes doctrines constitutionnelles.

En occupant le Conseil dans l'intervalle des sessions législatives à délibérer sur les projets de loi, il peut ainsi avoir toujours, de fait, et par sa prévoyante célérité, la priorité de l'initiative.

Les ministres trouvent aussi des secours précieux dans les réunions partielles des divers comités qu'ils convoquent, selon les besoins du service, pour leur soumettre des questions graves ou des mesures d'administration.

Les places du Conseil sont encore entre les mains du Gouvernement un puissant moyen d'émulation.

Il les présente aux magistrats des cours judiciaires, aux administrateurs des départemens et aux chefs de toutes les parties du service public, pour but et pour récompense de leur zèle et de leurs travaux.

Enfin chaque ministre, ne pouvant suffire au détail des affaires contentieuses, laisse au comité du Conseil établi près de lui, le soin de préparer ses décisions : garantie nouvelle et précieuse pour les citoyens comme pour le ministre ; et dont je développerai plus bas les avantages.

Le Gouvernement choisit aussi dans le sein du Conseil les orateurs les plus capables de faire triompher ses projets dans l'arène des Chambres, et de balancer par la vigueur de leur dialectique, et par l'autorité de leur éloquence, les orateurs mêmes des Chambres pour lesquels elles ont naturellement plus de complaisance.

Et pourquoi ne porteraient-ils pas leurs conseils et leur aide au Roi jusques dans l'enceinte même des Chambres ? Privés de ce secours, les ministres succomberaient peut-être sous le poids de l'administration générale, et sous la fatigue des sessions. D'ailleurs, même avec du génie pour les affaires, on peut être privé de ce talent de la parole que la nature seule donne. Les Conseillers d'Etat sont les avocats, les défenseurs, les organes naturels et nécessaires du ministère. Au surplus, la qualité de suppléans des ministres ne leur donne pas celle de députés; ils ne votent pas la loi. Qu'y a-t-il donc là d'inconstitutionnel?

Pourquoi veut-on également que les Conseillers d'Etat ne puissent être élus députés? La confiance du Roi doit-elle leur enlever la confiance du peuple et l'honneur de le représenter et de le défendre? La Charte les exclut-elle? Le choix des électeurs n'est-il pas indépendant? Les hommes dont l'Angleterre s'énorgueillit, et qui l'ont faite libre, grande et riche, n'ont-ils pas marché à la tête de ses affaires? Si le parti de l'opposition renferme des hommes de bonne foi, pourquoi n'en serait-il pas de même du parti ministériel? Qui pourrait nous dire quel est celui des deux partis que l'ambition travaille le moins? Et si l'on voulait creuser les choses, n'arriverait-on pas peut-être à découvrir que les fonctionnaires sont aussi intéressés au maintien de la constitution et à la stabilité du Gouvernement, que les manufacturiers et les gros propriétaires qui, après tout, fabriquent, sèment, vendent et récoltent, sous quelque Gouvernement que ce soit, au milieu des bouleversemens de l'Etat et des invasions étrangères? Ne pourrait-on pas ajouter que les fonctionnaires sont, en général, des défenseurs plus habiles de la constitution; et d'ailleurs n'ont-ils pas dans la société, comme les autres citoyens, des intérêts personnels de propriété, de commerce, d'industrie?

Point de distinctions, point d'exclusions; rendez seulement les élections libres, et laissez faire ensuite au peuple.

On s'est plaint aussi de ce que le Gouvernement, en offrant aux Députés les places du Conseil, les attirait dans ses piéges; mais il ne les achète pas, il les récompense. Il se cherche des amis et des collaborateurs utiles, et non des flatteurs et des courtisans; il ne leur offre pas des trésors et des honneurs oisifs, mais il leur donne des fonctions aussi laborieuses que délicates; il exerce enfin une influence légitime, nécessaire, et en usage dans toutes les Monarchies constitutionnelles. Que les vrais amis de la Charte empêchent donc le Gouvernement de devenir arbitraire, injuste; mais de devenir fort, habile, éclairé, c'est ce qu'ils ne peuvent ni ne veulent empêcher. Il y a plus, ils doivent vouloir et favoriser le contraire. Car, comme il est de la nature du Gouvernement représentatif que ses forces différentes et contraires tendent à garder leur équilibre, plus le Ministère sera habile, plus la Chambre le deviendra. Alors les électeurs ne choisiront pas les Députés qui doivent les représenter et les défendre, dans la propriété ignorante, mais dans la propriété éclairée ou industrieuse, et le talent sera un titre préférable à la richesse, parce qu'il sera devenu un besoin. Or, l'expérience prouve que dans une assemblée de citoyens honnêtes, la modération des principes est presque toujours du côté des lumières. Quel mal y a-t-il encore à cela ?

J'ajouterai que la fréquentation des Chambres fait passer dans le Conseil la liberté des opinions, les leçons de la tribune, et la véritable intelligence des lois; et je ne doute pas que si pendant l'intervalle des sessions législatives, un ministre ambitieux violait ouvertement la Charte, les membres du Conseil ne se levassent tous pour lui rappeler ses devoirs. Car il y a dans l'homme un sentiment si naturel de liberté, qu'à moins de composer à plaisir un Conseil de courtisans vils et corrompus, on y verra toujours éclater, même sous un tyran, des opinions honorables.

Mais c'est le propre et la merveille du Gouvernement représentatif de façonner sans secousse et sans effort à son principe les choses et les hommes. Que de conquêtes notre constitution n'a-t-elle pas faites, depuis deux ans, dans toutes les familles? Comme son génie y entre peu à peu et s'y insinue par la voie de tous les intérêts! Que d'esprits chagrins n'a-t-elle pas réconciliés, les uns avec la liberté, les autres avec la Monarchie! C'est qu'elle est vraiment l'expression des besoins et de la volonté de tous. Le Conseil est soumis à son influence salutaire comme tous les citoyens, comme tous les corps de l'État.

Ne passons pas sous silence un des principaux avantages du Conseil.

Dans une machine aussi vaste et aussi compliquée que celle d'un Gouvernement, où tous les rouages tendent naturellement à se relâcher et à se désunir, il faut qu'une force sans cesse impulsive communique et distribue, dans une mesure égale et uniforme, le mouvement du centre aux extrémités. On a dit les dangers et les abus de la centralisation sous le despotisme. Mais on n'a pas assez dit ses ressources et ses bienfaits sous un Gouvernement paternel et libre. C'est cette centralisation qui fait seule tout le secret et toute la force de notre système d'administration intérieure. Or, le Conseil d'État, maintient plus que tout le reste, cette centralisation. La simplicité, la rapidité, la vigueur, et l'unité de ce système, donnent au pouvoir exécutif des forces qu'il voyait sans cesse, avant la révolution, languir, se consumer, se perdre entre ses mains. Cette vivacité d'action de notre Gouvernement intérieur, que nos voisins admirent, envient et imitent, a de merveilleux effets sur la prospérité d'un grand Etat. Mais comme, dans ses frottemens rapides et continuels avec la propriété, les droits, les opinions, et les libertés des citoyens, il arrive qu'elle les blesse quelquefois, les deux Chambres, par leur surveillance, leurs sages lenteurs, leurs avertissemens, leurs plaintes et leur coopération aux lois, corrigent les abus de cette action; et c'est par cette combinaison de force dans l'administration, et de sagesse dans les Chambres, que notre Gouvernement deviendra l'un des meilleurs de la terre, et le mieux approprié aux mœurs, aux habitudes, au caractère, aux besoins, aux intérêts et à la prospérité de notre nation.

La Monarchie constitutionnelle ne peut exister et fleurir en France, qu'autant que l'action du pouvoir exécutif sera dans ses développemens une, libre, énergique. Or, le Conseil actuel est, sous ce rapport, beaucoup mieux organisé que le Conseil de l'Empire, où les ministres d'État, présidens des Sections, substituaient souvent des projets inexécutables à ceux des Ministres et entravaient ainsi la marche de l'administration. Aujourd'hui ces graves inconvéniens ne peuvent reparaître. Chaque Ministre préside son comité, et tous dirigent le Conseil; et le Conseil à son tour lie, comme en un faisceau, toutes les branches du pouvoir exécutif. Les directeurs généraux viennent y puiser les mêmes doctrines constitutionnelles, qu'ils répandent ensuite dans leurs administrations ; et chaque ministre peut, du milieu du Conseil, saisir le vaste ensemble et les détails de toutes les parties du Gouvernement.

Récapitulons :

Le Conseil d'Etat (que je viens de défendre comme conseil, et non pas comme juridiction) agit sous la direction, sous la présidence et sous la responsabilité des ministres;

Il discute les projets de loi, les ordonnances, les réglemens d'administration ;

Il prépare les décisions des ministres, dans les matières contentieuses;

Il soulage, éclaire, représente, défend, fortifie le Gouvernement sans l'enchaîner;

Il rassure les citoyens contre l'arbitraire de l'exécution;

Il répand l'ordre, la lumière, l'unité d'action et de doctrines dans toutes les parties du service public ;

Il affermit la prérogative de la Couronne.

Maintenant je laisse à décider s'il est utile au Gouvernement qu'il y ait un Conseil d'Etat.

On dit que les membres du Conseil sont trop nombreux. Il faut d'abord retrancher de ce nombre les membres honoraires, ou en service extraordinaire qui ne portent qu'un titre sans fonctions, n'assistent ni aux délibérations des comités, ni aux assemblées générales, et ne reçoivent aucun traitement.

Le nombre des conseillers, en service ordinaire, se trouve dans une proportion exacte avec la multitude et la diversité de leurs travaux. S'ils étaient moins nombreux, ils ne pourraient suffire à la fois, et à la tenue des assemblées générales, et au détail des affaires administratives et contentieuses qui surchargent chaque comité. N'oublions pas ensuite que le Conseil a besoin de se rassembler fréquemment, et toute l'année, si, dans la carrière laborieuse de l'initiative des lois, le Gouvernement veut prendre les devants sur les Chambres; car l'allure du Conseil actuel est un peu lente. Il ne décide pas comme font les Chambres; il ne délibère pas même, comme faisait le Conseil impérial; il étudie, il développe, il retourne et pétrit en quelque sorte, sous les yeux des ministres, les matières législatives qu'ils lui soumettent.

Il faut d'ailleurs que le Conseil soit assez nombreux pour que toutes les opinions puissent s'y déployer avec plus de liberté, et que dans leur choc elles offrent au ministre une image assez ressemblante des combats de la tribune. Je pense même que les ministres feraient bien de recevoir, dans le Conseil, des membres de l'opposition; car enfin leur but comme leur intérêt n'est pas de s'entendre caresser par des opinions complaisantes, mais de découvrir la vérité, et de trouver la meilleure solution des problèmes législatifs qu'ils jettent dans l'arène des discussions. Il faut donc que toutes les opinions y descendent, s'y croisent et s'y combattent. Elles ne contraignent pas la religion du ministère, mais elles l'éclairent; elles apportent sous ses yeux et à son choix toutes les objections et toutes les réponses. D'ailleurs, à mesure que le régime constitutionnel vieillira, il finira par attirer, réunir et confondre tous les partis. Lorsqu'on n'est pas d'accord sur l'adoption du principe fondamental de Gouvernement, les opinions ne peuvent se concilier, les haines s'enveniment de plus en plus, et les désordres se multiplient. Mais lorsqu'il n'y a plus que des différences d'opinions sur l'application du principe, la manifestation de ces diverses opinions est favorable à la liberté, et ces sortes de luttes entretiennent d'ordinaire la vigueur et la santé du corps politique.

On a dit enfin que le Conseil d'État était trop payé. Examinons ce dernier point.

Dans tout Gouvernement où l'ordre et l'économie règlent les finances de l'État, la question du traitement des fonctionnaires n'est pas la moins importante à examiner. Il n'y a pas en effet un seul citoyen qui n'apporte son tribut grand ou petit dans l'impôt soit direct, soit indirect : chaque citoyen a donc le droit de demander ce que les employés du Gouvernement coûtent.

Que nos nos mœurs ont changé, et que le tour de nos idées est différent! On a écrit jadis de graves dissertations sur les préséances des Conseillers d'État, sur leurs priviléges et sur leurs costumes : ne nous pressons pas pour cela d'accuser nos pères de futilité. C'est la marque d'un esprit étroit et vain de ne considérer les choses des temps passés que dans leurs rapports avec les choses des temps actuels, si variables elles-mêmes. La conservation des préséances, des rangs, des costumes, tenait à l'existence et au bon ordre de la Monarchie. Mais aujourd'hui on veut savoir pourquoi, combien et qui l'on paie.

Il a été proposé de mettre à la charge de la liste civile les dépenses du Conseil d'État.

Mais le Roi, qui ne paie pas ses ministres, ne doit pas non plus payer le Conseil ; car le Conseil n'est pas, à proprement parler, le Conseil de la personne du Roi; il est le Conseil de son Gouvernement ; il est le Conseil d'État.

Si les agens du pouvoir exécutif sont salariés, pourquoi les Conseils de ce pouvoir ne le seraient-ils pas également ?

Toutes les administrations générales qui sont des agences d'exécution n'ont-elles pas leurs Conseils particuliers ?

Les conseillers de préfecture ne sont-ils pas les aides, les suppléans, les conseillers des préfets ?

De même les Conseillers d'État sont les aides, les suppléans, les conseillers du ministère.

Le Gouvernement, qui ne peut se passer d'agens pour exécuter les lois et pour administrer, ne peut se passer de Conseils.

Il importe donc aux véritables intérêts de l'État qu'il existe un Conseil, et si l'État en a besoin, l'État doit le payer.

Maintenant les dépenses du Conseil sont-elles trop considérables ? Il suffit de répondre que le traitement d'un Conseiller d'État n'égale pas celui d'un premier commis des ministères, et le traitement d'un maître des requêtes celui d'un chef de bureau.

Veut-on connaître et comparer les dépenses du Conseil d'État depuis son origine et sous les différens régimes de Gouvernement que nous venons de traverser, on peut jeter les yeux sur le tableau suivant, formé d'après les budgets.

Dépenses du Conseil d'Etat.

	En 1800.	En 1814.	En 1818.
Traitement des Conseillers d'Etat et Maîtres des Requêtes	1,250,000 f	1,328,000 f	776,000 f
Du Secr., des Chefs de bureau, Employés, etc	171,600	245,300	103,100
Dépenses administratives.	199,400	140,700	8,000
Dépenses imprévues.	"	106,000	"
TOTAUX. .	1,541,000 f.	1,820,000 f	888,000 f

Plusieurs Conseillers d'État, revêtus d'autres places, ne reçoivent que la moitié de leurs appointemens, et la plupart, blanchis dans les affaires et dans les hauts emplois, auraient de fortes pensions, s'ils ne touchaient pas leur traitement d'activité.

De plus, les membres du Conseil remplissent seuls et gratuitement presque toutes les commissions administratives que les besoins du service multiplient et renouvellent chaque jour. Que les traitemens des différens comités soient répartis sur le budget de chaque ministère, ou qu'ils soient réunis sur le budget du ministère de la justice, il n'y a pas pour cela de dépense ni nouvelle, ni plus forte.

Je crois avoir prouvé que les dépenses du Conseil d'État n'étaient ni inutiles, ni excessives.

Mais l'esprit de réforme domine. Est-ce besoin? est-ce système (1)? Nous passons toujours si facilement d'un excès dans l'autre! Naguères des légions d'employés assiégeaient les avenues et l'enceinte de toutes les administrations. Aujourd'hui, dans la première ferveur de notre zèle économique, nous voudrions les retrancher tous. Il se rencontre des hommes qui, soit orgueil, soit humeur, soit ambition, portent avec impatience le joug des Gouvernemens; ils affectent de considérer tous les fonctionnaires comme autant d'abus; ils voudraient que tous les emplois fussent gratuits. La politique théorique peut souhaiter l'idéal; la politique pratique ne veut que ce qui est possible. L'amour de la patrie, la mo-

---

(1) Il est inutile de prévenir que je ne traite ici la question des réductions et des réformes qu'en thèse générale; car dans les embarras extraordinaires où nous nous trouvons, il faut des règles extraordinaires d'économie. Il serait sans doute désirable que tous les traitemens au-dessus de 3000 francs subissent encore de nouvelles réductions. Quels sacrifices coûtent à des Français lorsqu'ils les font pour la patrie!

dération, le désintéressement, l'abnégation de soi-même, sont, chez les peuples simples, les vertus du petit nombre ; que sera-ce chez les peuples corrompus?

Voyez où menerait ce système! La gratuité des places suppose l'égalité des fortunes : car sans cette égalité, tous les emplois publics tomberaient nécessairement entre les seules mains des riches.

Ne nous faisons pas illusion : le Gouvernement n'aura beaucoup de serviteurs zélés qu'autant qu'il leur donnera un salaire ou du pouvoir. Or, il aime mieux avec raison leur donner de l'argent que du pouvoir. Il sait trop ce que coûtent des parlemens gratuits, des assemblées provinciales gratuites ; les choses s'y font mal, ou s'y font contre lui. La gratuité ou la vénalité des charges mène à leur hérédité, et leur hérédité à leur indépendance. C'est parce que le pouvoir exécutif nomme, et surtout parce qu'il salarie tous les employés, tous les juges, tous les officiers, tous les administrateurs, qu'il existe et qu'il agit. Tout est là. N'ôtez pas, de grâce, à la Couronne les seuls moyens que notre constitution lui laisse pour déployer sa prérogative et pour exercer une nécessaire influence. D'ailleurs, qu'on ne s'y trompe pas ; la plupart des hommes, même dans les Républiques, dont on a dit que la vertu était le principe, ne veulent pas long-temps des honneurs sans le pouvoir. Les magistratures gratuites de l'antiquité menaient à la gloire, et de là aux richesses, et communiquaient une royauté temporaire. Non-seulement le magistrat, mais chaque citoyen étant membre actif et réel de la souveraineté, en travaillant pour les autres, travaillait aussi pour soi. Or des souverains ne se payent pas eux-mêmes.

En France, les deux seuls corps qui exercent des fonctions gratuites, sont les deux Chambres. Mais ces fonctions sont remises aux mains de la richesse; elles durent peu, et elles donnent du pouvoir : cela vaut bien, je crois, de l'argent. Cette participation à la souveraineté, qui flatte l'homme dans toutes les conditions et sous tous les régimes de gouvernement, a un attrait d'autant plus vif pour ceux qui en jouissent dans un grand Empire, que, hormis eux, chacun n'en exerce qu'une portion imperceptible qui se perd et s'évanouit parmi la multitude confuse des citoyens.

Si les fonctions de Députés ne rapportaient pas quelque chose, d'où vient donc qu'on les briguerait avec tant d'ardeur?

Sans doute ces fonctions gratuites ne sont pas elles-mêmes la richesse, elles ne sont pas le pouvoir, elles ne sont pas les honneurs, elles ne sont pas la renommée; mais elles en sont

6

l'occasion, les moyens, la route. Ne creusons pas trop avant dans les motifs des actions humaines de peur de découvrir l'intérêt personnel qui s'y développe sous mille formes, et s'y meut par mille ressorts.

L'amour de la patrie, la modération des principes, les lumières, toutes les vertus publiques ne marchent pas toujours nécessairement à la suite de la richesse. Ceux qui remplissent des fonctions gratuites ont sans doute moins de besoins réels à satisfaire. Mais ont-ils moins de ces besoins fictifs plus avides et plus impérieux encore que les autres? Ont-ils moins de passions, moins d'ambition, moins de vanité? Que de portes par où les séductions ministérielles peuvent se glisser!

On prétend aussi qu'il n'y a de citoyens utiles que les hommes qui produisent. N'entend-on par là que le travail manuel, et que des productions matérielles? Mais à des productions, il faut des consommateurs. Or, les consommateurs sont principalement les gens en place. Pourquoi les villes ne veulent-elles point qu'on supprime les cours royales et les préfectures? Est-ce parce qu'elles perdent des citoyens? Non, c'est parce qu'on supprime des consommateurs. Des économistes habiles doutent encore si, dans un grand Empire où l'industrie et le commerce ont pris un certain cours, la réduction subite et considérable des traitemens n'est pas plutôt un mal qu'un bien. En effet, chaque employé craignant d'abord de se voir supprimé ou réduit, vit d'épargne et thésaurise; l'argent ne coule plus dans ses canaux ordinaires; le commerce et l'industrie sont en souffrance. La parcimonie, en matière de Gouvernement, a ses abus comme la prodigalité.

Les *sinécures* sont les excroissances du corps politique. Il faut les retrancher, parce qu'elles dévorent le plus pur de sa substance, et laissent tomber les autres membres dans la langueur et le dépérissement; mais les rétributions modérées accordées à des employés laborieux n'ont jamais corrompu la morale d'un peuple, ni ruiné ses finances.

D'ailleurs le salaire suit le labeur. C'est ainsi que va la société domestique, dont les Gouvernemens ne sont que l'image; le maître proportionne ce salaire à la difficulté du travail, à la durée et aux dépenses de l'apprentissage, aux talens enfin de l'ouvrier. Eh bien! les employés, les administrateurs, les juges, les militaires, sont les ouvriers de l'Etat. Les employés lui prodiguent leur temps, les administrateurs leurs talens, les juges leur science, les guerriers leur sang. L'Etat leur rend en échange de l'argent et des honneurs; dans cet échange, je ne vois point de débiteur, je ne vois point de créancier; la dette réciproque est éteinte, tout est compensé.

S'il faut considérer le nombre des employés dans ses proportions avec les impôts qui pèsent sur la propriété et sur l'industrie, il faut aussi le considérer dans ses proportions avec les progrès de la civilisation, la grandeur de l'Etat, le système du Gouvernement, et les besoins de l'administration.

Le petit marchand vend et détaille lui-même sa denrée; le gros commerçant a de nombreux commis. L'un borne son négoce au quartier qu'il habite; l'autre dans ses vastes spéculations embrasse l'univers. Il en est de même des petits et des grands états. Regretter la simplicité grossière des temps reculés de notre Monarchie, c'est vouloir faire rétrograder la civilisation. Alors la France gémissait sous les liens innombrables de la féodalité. Il restait à peine à ses Rois indigens et dépouillés, l'administration de quelques provinces; le commerce, les lumières, la facilité des communications, l'égalité des droits civils et politiques n'avaient pas encore multiplié les relations des citoyens entre eux. Ils n'étaient pas tous devenus comme aujourd'hui, sans distinction, sujets égaux de la loi et du Roi. Alors quelques commis pouvaient suffire à administrer un tel Royaume; et même depuis, lorsque les priviléges exemptaient des impôts et d'autres charges réelles et personnelles la noblesse et le clergé, lorsque les villes s'y dérobaient par des priviléges arrachés à la faiblesse du Gouvernement ou consacrés par un usage immémorial, lorsque la perception des tributs et leur contentieux étaient abandonnés à des compagnies de finance, lorsque les charges de la judicature et une multitude d'offices étaient héréditaires, lorsqu'une moitié de la France vivait sous le régime municipal, ou sous le régime provincial; en un mot, lorsque l'exception était presque partout mise à la place de la règle, on conçoit que les agens salariés du Gouvernement devaient être moins nombreux. Mais s'il payait moins, il recevait moins aussi. Le peuple était plus foulé, quoique l'Etat fût moins riche, parce que ce qui le révolte le plus, ce n'est pas tant la rigueur de la règle que la gêne capricieuse de l'arbitraire. L'argent du Royaume s'accumulait alors dans quelques mains. Aujourd'hui l'Etat recueille seul les bénéfices des anciens traitans, et les communique ensuite au peuple, en détail, et par mille voies. Une administration plus habile a éclairé et découvert, au profit du trésor, tous les abus que l'intérêt de quelques particuliers ou de quelques compagnies dérobait avec soin et nourrissait dans l'ombre. Maintenant le moindre citoyen peut savoir quelle est la masse des richesses de son pays, d'où elles viennent et où elles vont, et le reflux perpétuel qui emporte et rapporte ces richesses du centre aux extrémités, et des extrémités au centre, distribue dans tous les canaux de l'Etat la vie et la prospérité.

Ces grands résultats ne peuvent s'obtenir sans que beaucoup d'agens n'y travaillent. Les uns jugent, les autres administrent, ceux-ci recueillent les impôts, ceux-là surveillent et contrôlent leurs opérations; d'autres, placés au centre, correspondent avec toutes les parties du service, d'autres enfin se tiennent au sommet de l'administration d'où ils impriment le mouvement et la direction à toute la machine.

En définitif, la question est moins de savoir ce que les employés coûtent au Gouvernement que de savoir ce qu'ils font, ou plutôt encore ce qu'ils font pour ce qu'ils coûtent.

Ces réflexions générales s'appliquent également au Conseil d'Etat. Je laisse tirer les conséquences.

Je viens de considérer et de défendre le Conseil d'Etat, comme Conseil, dans ses rapports avec le Gouvernement.

Je vais maintenant le considérer comme juridiction, dans ses rapports avec les citoyens.

TITRE III.

CHAPITRE PREMIER.

Du Conseil d'Etat comme Juridiction.

Le Conseil d'Etat peut-il et doit-il aujourd'hui exercer une juridiction ?

Abordons franchement la question dans son principe.

Ceux qui veulent cacher dans l'ombre le fondement de nos institutions, de peur qu'en les découvrant on n'ébranle la puissance royale, comprennent mal la nature et l'esprit des Gouvernemens représentatifs. Ils raisonnent par leurs souvenirs, par les besoins d'un autre temps et par les idées d'un autre système.

Sous les Monarchies absolues, la royauté a son culte comme la religion ; elle y a ses dogmes et ses mystères qu'il faut croire sans les sonder ; elle s'y fait entrevoir dans une majesté pleine de crainte.

Mais dans les Monarchies constitutionnelles, les Rois manifestent eux-mêmes au peuple la source de leur autorité, s'imposent des devoirs, et se tracent des limites qu'ils ne peuvent ensuite ni céder ni franchir.

Sous les premières, la royauté doit s'y défendre pas à pas. Chaque diminution de sa prérogative est un péril, parce qu'on ne s'y arrête point soit en avançant, soit en reculant. Le pouvoir qui envahit, comme le pouvoir qui résiste, ne rencontrant nulle part de limites légales, placent, quand ils sont vainqueurs, la borne où il leur plaît.

Au contraire, sous les Gouvernemens représentatifs, les limites des pouvoirs étant fixées par la Constitution même, il n'est pas plus permis de les cacher que de les franchir.

Ne craignons donc pas de rechercher si le Conseil d'Etat peut exercer la juridiction administrative.

Je vais essayer de prouver :

Qu'en principe, la juridiction du Conseil d'Etat est inconstitutionnelle ;

Qu'en fait, elle est vicieuse.

CHAPITRE II.

Que le Conseil d'Etat, comme Juridiction, n'est point dans la Charte.

Le Conseil de nos Rois existait, sous l'ancienne Monarchie, par le génie même de cette Monarchie, par ses nécessités et par les édits et ordonnances qui étaient les lois d'alors.

Le Conseil de l'Empire existait par les Constitutions.

Aujourd'hui, c'est en vain qu'on prétendrait démontrer l'existence légale du Conseil d'Etat, et que pour en composer un tout, on irait recueillir les parcelles de son être dans des décrets impériaux, dans des sénatus-consultes, dans les dispositions secondaires de quelques lois, et dans les lambeaux d'une constitution déchirée (1).

---

(1) Les seuls actes législatifs qui rappellent l'existence ou les attributions du Conseil d'Etat, sont :

La constitution du 22 frimaire an 8; La loi sur l'organisation de la Chambre des comptes du 28 septembre 1807 ; La loi sur les concessions de mines du 21 avril 1810 ; La loi sur les élections du 5 février 1817.

Il ne sera pas inutile de faire remarquer : Que la constitution de l'an 8 est abrogée ; Que sur quatre cents affaires de toute nature portées annuellement au Comité du contentieux, il y en a à peine dix qui reçoivent l'ap-

Que sert-il d'éluder ainsi la difficulté ? Non, le Conseil actuel n'existe pas légalement. Il n'existe, il n'agit, soit comme conseil, soit comme juridiction, que par la seule vertu d'une ordonnance.

Maintenant distinguons :

Une Ordonnance seule peut et doit régler la composition et les fonctions du Conseil d'Etat, comme Conseil.

Une Loi seule peut et doit régler la composition et les attributions du tribunal supérieur qui exercera au second degré la Juridiction administrative.

Aujourd'hui, c'est une simple ordonnance qui confère cette juridiction au Conseil d'Etat, et qui en détermine les formes, l'étendue et l'exercice.

Or les citoyens peuvent-ils voir, sans quelque inquiétude, la puissance de juger placée dans une commission temporaire et révocable à volonté ?

Aujourd'hui, dans la plupart de ces matières, qui ne sont pas encore réglées par des lois, ainsi qu'elles devraient lêtre, c'est la jurisprudence presque toute seule qui fait la règle des décisions.

---

plication des trois premières lois citées, lois antérieures à la Charte.

Et qu'à l'égard de la loi des élections, la disposition tout à fait accessoire, contenue dans l'article 6 relatif au Conseil d'Etat, n'a jamais été appliquée.

Or le Conseil n'est point lié par sa propre jurisprudence.

Aujourd'hui c'est un simple décret qui règle le mode d'y procéder.

Or le Conseil n'est pas lié par un décret rapportable.

Que le Gouvernement interdise le Conseil par une ordonnance, et le cours de la justice administrative va demeurer suspendu pendant tout le temps qu'il plaira au Gouvernement de le vouloir.

Qu'il abrége les délais de l'instruction; qu'il condamne les parties sans les entendre, et les citoyens vont manquer de défenses et de garanties.

Qu'est-ce qu'une semblable justice?

Pour remédier à ces inconvéniens, faut-il que les Chambres érigent le Conseil d'Etat en tribunal, par une loi :

Elles ne le ferons pas assurément. Ne serait-il pas en effet singulier de voir dans le même corps les mêmes hommes, amovibles comme Conseillers du Roi, et inamovibles comme juges du tribunal. Ce tribunal, composé de quatre-vingts membres, ne serait-il pas quatre fois trop nombreux? Les Chambres ne craindraient-elles pas que, fort de son existence légale et de son double caractère de conseil et de juge, le Conseil d'État n'empiétât sur le pouvoir législatif par voie d'interprétation, et peut-être sur le pouvoir judiciaire par voie d'application.

Les citoyens en France ne connaissent que des tribunaux fixes, dont les attributions et les compétences sont déterminées par nos codes. Je sais bien que chaque matière veut des règles différentes; je sais que la juridiction administrative ne sera jamais, par son essence, et quelque système qu'on embrasse, aussi régulière que celles des tribunaux. Toutefois ce n'est pas une nécessité qu'elle soit arbitraire, et sujette du pouvoir exécutif.

Je rechercherai bientôt s'il ne serait pas possible de corriger les inconvéniens de cette juridiction, en réunissant, dans l'intérêt de l'Etat et des citoyens, aux garanties que donnent les tribunaux, les avantages qu'offre l'administration dans la simplicité de ses formes, la modération de ses frais, et la rapidité de son exécution.

Mais, en principe, et telle qu'elle est organisée aujourd'hui, la Juridiction du Conseil n'est ni constitutionnelle ni légale.

Il faut faire voir, outre cela, que la distribution de la justice administrative s'y fait irrégulièrement.

CHAPITRE III.

Que les affaires contentieuses sont incomplétement délibérées dans l'assemblée générale du Conseil.

La réunion des Comités de l'Intérieur, des Finances, de la Marine, de la Guerre et de Législation, en assemblée générale, pour juger les affaires préparées par le Comité du contentieux n'offre pas aux citoyens assez de garanties de la bonté des jugemens.

En effet, voici comment les choses se passent.

Les affaires, délibérées par le Comité contentieux, sont portées au grand et au petit ordre du jour du Conseil.

On se contente, pour les affaires du petit ordre, de lire un projet d'ordonnance.

On fait précéder, pour les affaires du grand ordre, le projet d'ordonnance d'un rapport.

D'abord cette distinction, entre les affaires du grand et du petit ordre, est vicieuse, parce qu'elle est arbitraire, et que les citoyens ne mesurent pas l'importance d'une affaire par la difficulté ou la singularité des questions qu'elle engendre, mais par l'intérêt qu'ils y ont, intérêt, dont la valeur toute relative ne peut être déterminée par les juges.

Ensuite, quant aux affaires du petit ordre, qui sont dans la proportion de 30 à 2, pense-t-on que la religion du Conseil soit suffisamment éclairée par la lecture rapide et à moitié entendue d'un projet d'ordonnance rédigé en quelques lignes?

Quant aux affaires du grand ordre, n'est-il pas vrai qu'une partie des membres du Conseil ne peut difficilement prononcer, avec connaissance de cause, sur un simple rapport, dans des affaires contentieuses qui exigent souvent la lecture des pièces, leur comparaison et leur examen, et surtout l'étude non-seulement des règles du droit civil, mais encore des formes et des principes d'une législation toute spéciale, que la plupart d'entre eux n'ont jamais ni apprise, ni appliquée?

L'impression des mémoires, et leur distribution aux membres du Conseil, suffiraient-elles pour prévenir les surprises, et pour compléter l'instruction?

Mais si l'impression des mémoires était forcée, elle entraînerait, pour les parties, des frais plus considérables souvent que la valeur réelle de l'objet litigieux. Si elle est volontaire, il faut qu'elle soit commune aux deux parties. Car si l'une d'elles seulement fait imprimer sa défense, la distribution de son mémoire n'éclaire qu'une des faces de la discussion, et laisse l'autre dans l'ombre; et si ce mémoire est plein de faits controuvés et d'inductions captieuses, qui avertira la religion des juges?

Autre inconvénient : le délai qui s'écoule entre l'avis du Comité du contentieux et la délibération du Conseil d'État, est perdu pour les parties.

Ainsi, dans le premier cas, la délibération est à peu près inutile; dans le second cas, elle est imparfaite; dans tous les deux, elle entraîne des lenteurs pour l'expédition des affaires.

Maintenant, est-il régulier que, dans l'assemblée générale, les membres du Comité du contentieux prononcent, comme juges, sur un avis qu'ils viennent apporter et défendre, comme conseillers?

Si, dans les deux cas, ils font office de conseillers, que sert-il qu'ils donnent, dans la même affaire, deux avis semblables?

Si, dans les deux cas, ils font office de juge, pourquoi jugent-ils deux fois?

Est-il régulier encore que les ministres aient séance et voix délibérative dans le Conseil où le citoyen vient attaquer leurs décisions, qui blessent ses droits? et lorsque vous fermez à ce citoyen obscur les portes du tribunal, que ne doit-il pas craindre de la présence d'un ministre défendant sa propre cause, dans une assemblée de juges amovibles?...

Si le ministre de l'intérieur, ou de la marine, ou de la guerre, ou des finances, est présent, il se défend et se juge lui-même; s'il est absent, il est défendu, il est jugé par les membres de son Comité, qui sont placés dans son étroite dépendance, qui obéissent presque toujours à ses impulsions, qui ont eux-mêmes préparé la décision attaquée. Car enfin n'est-il pas véritable que le ministre, absorbé par les soins de l'administration active, renvoye l'examen des affaires contentieuses au comité établi près de lui. Le comité instruit ces affaires, les délibère, et présente au ministre un projet de décision sous la forme d'avis. Il arrive rarement que le ministre désapprouve cet avis donné, après une mûre délibération, par des magistrats éclairés. Sa signature le convertit en décision. Eh bien! si cette décision est attaquée devant la Commission du contentieux, si cette Commission propose au Conseil d'État d'annuller la décision du ministre, les membres du comité qui l'ont rédigée se font de nouveau, maintenant à l'abri du nom du ministre, les défenseurs de leur propre ouvrage, les juges de leur propre jugement!

Aux termes de l'art. 12 du réglement du

5 nivôse an 8 qui détermina la composition et les attributions de l'ancien Conseil, les Conseillers d'État chargés de la direction de quelque partie de l'administration publique, n'avaient point de voix au Conseil lorsqu'il prononçait sur le contentieux de cette partie.

On doit regretter qu'une disposition si pleine de convenance et de justice n'ait pas été introduite dans l'organisation du Conseil actuel, et étendue aux membres de chaque comité auquel la matière appartient.

J'ajouterai que, sous le Conseil impérial, les sections n'étaient point placées dans la dépendance des ministres, et ne dressaient point leurs décisions comme aujourd'hui.

On objectera que les membres de ce comité particulier qui a rédigé la décision attaquée, ne jugent pas seuls dans l'assemblée générale. Je l'accorde; mais pense-t-on que leur opinion, protégée par des apparences d'impartialité, exposée avec les ressources d'un talent exercé sur la matière, défendue avec la chaleur de la conviction ou de l'amour-propre blessé, ne doive pas ébranler, séduire, entraîner dans l'assemblée générale la détermination des autres comités.

Y a-t-il une seule décision des ministres de l'intérieur, des finances, de la marine et de la guerre, qui ne rencontre au Conseil, je ne dirai point les mêmes protections, mais les mêmes faveurs et les mêmes priviléges? Cependant que dirait-on d'un juge qui, après avoir condamné une partie au Tribunal de première instance, irait monter sur le siége de la cour royale, pour y rejuger cette même partie qui appelle de son jugement? Où serait le bienfait des deux degrés de juridiction? Si les citoyens peuvent réclamer devant les tribunaux toutes les garanties, non pas fictives mais réelles de ce second degré que leur assurent les lois fondamentales de notre Monarchie, pourquoi l'imploreraient-ils en vain devant le Conseil d'État, et pour ainsi dire en présence du Roi même, de qui émane toute justice? Oublierait-on que lorsqu'un citoyen plaide contre l'État, en matière contentieuse, il ne sollicite pas une grâce, mais qu'il revendique un droit? Pourquoi l'État ne combattrait-il point à armes égales avec lui, devant le Conseil comme devant les tribunaux? Est-ce qu'il ne s'agit pas également des intérêts les plus chers de la propriété! Est-ce que si le Gouvernement est obligé, en matière civile, de se soumettre aux maximes étroites du droit commun, droit qu'il n'a point fait, il ne serait pas obligé d'observer, en matière administrative, les règles spéciales qu'il a établies lui-même dans les seules vues de son intérêt, et qu'il a, sans leur concours, imposées aux citoyens? Si les clauses d'un marché administratif lèsent l'État, pourquoi le ministre les a-t-il stipulées ou consenties? Pourquoi la justice civile et la justice administrative auraient-elles deux poids inégaux et deux mesures différentes? Enfin n'a-t-on pas quelque raison de demander où se trouvent pour les citoyens, dans l'assemblée générale du Conseil d'État, les gages d'une solide délibération des affaires contentieuses, si, par les élémens vicieux de cette délibération et par la force des choses, la manière, quelle qu'elle soit dont on y rapporte ces affaires, ne peut instruire qu'imparfaitement les juges; de leur exacte impartialité, s'ils prononcent sur leurs propres décisions; de leur indépendance, s'ils sont amovibles; de la bonté de leurs jugemens, si, réunis à d'assez longs intervalles et plus administrateurs que juges, la plupart ignorent la procédure qu'ils suivent, les matières qu'ils traitent, les lois qu'ils appliquent; enfin de la célérité dans la décision des affaires administratives et ensuite dans l'exécution de ces décisions, si les lenteurs d'une délibération inutile y apportent obstacle?

C'est en vain que chaque ministre, que chaque membre du Conseil sera probe, éclairé, juste; ces qualités de l'homme ne corrigent point les vices de l'institution; elles n'offrent d'ailleurs aux citoyens que des garanties morales : or ils veulent, pour être pleinement rassurés, pour l'être toujours, trouver leurs garanties non dans l'homme mais dans l'institution même.

Quel est donc le mode qui, dans l'intérêt des particuliers comme dans celui de l'Etat, rassemblerait les meilleures conditions pour la distribution de la justice administrative?

Parmi ceux qui ont dirigé leurs méditations sur cet objet, les uns confondant l'administration contentieuse avec l'administration active, auraient désiré que les affaires de l'une et de l'autre fussent soumises aux mêmes principes, et expédiées dans les mêmes formes; ils auraient désiré qu'il y fût statué par le conseil des ministres, ou par des comités placés à cet effet près de chaque ministère.

Les autres, inclinant davantage vers le principe du droit civil, ont pensé que toutes les affaires contentieuses, tant à cause de leur essence qu'à cause de l'intérêt des citoyens, devaient être, dans tous les cas, déférées au jugement des tribunaux.

Quelques-uns enfin, ont pensé au contraire que, pour fortifier l'autorité royale, il serait nécessaire d'étendre les attributions du Conseil et de lui restituer, dans toute sa plénitude, son ancienne juridiction.

Examinons ces trois systèmes.

CHAPITRE IV.

Que la Juridiction administrative ne saurait être placée dans le Conseil des Ministres.

Si, dans la constitution des Etats représentatifs, le pouvoir de faire les lois et celui de les exécuter doivent être distincts, de même, dans le Gouvernement intérieur, le pouvoir d'administrer et celui de juger administrativement doivent être séparés. Ces distinctions, fondement de nos libertés, si claires dans la théorie, si utiles dans leur application, s'opposent donc, en droit, à ce que le Conseil des Ministres soit investi exclusivement de la connaissance et du jugement définitif de toutes les affaires litigieuses; et en fait, qui ne sait, qui ne voit qu'à cause de la multitude et du détail fastidieux de ces affaires, cela est inexécutable.

Maintenant doit-on, dans chaque Ministère, abandonner l'examen, l'instruction et le rapport des affaires contentieuses à de simples employés? Non, à moins qu'on ne veuille qu'il n'y ait plus que corruption, lenteurs, arbitraire, confusion, abus et dangers de toute espèce dans la distribution de la justice administrative.

Préférera-t-on confier l'expédition des affaires contentieuses à des Comités établis près de chaque ministère?

Mais si vous faites ces Comités dépendans du Ministre; s'il peut approuver ou rejeter leur avis, le danger est à-peu-près le même.

Maintenant, si vous faites les Comités indépendans des Ministres, vous établissez entre eux une lutte qui ne peut engendrer que l'inertie ou le désordre. Et comme il y a une foule d'affaires mixtes, qui déterminerait alors la compétence de ces divers Comités, tous égaux en autorité, tous également jaloux d'étendre le cercle de leurs attributions?

Combien verrions-nous sortir de jurisprudences contraires l'une à l'autre, du sein de ces Comités qu'aucun lien commun de doctrine ne réunirait? Qui ne voit, qu'avec un pareil système, les intérêts les plus chers des citoyens seraient continuellement en souffrance?

CHAPITRE V.

Que la Juridiction administrative ne peut être placée dans les Tribunaux.

Ceux qui défendent ce second système, soit qu'ils soient mus par cet esprit de changement et de nouveauté qui, dans les bouleversemens des empires, entraîne à leur insu tant d'hommes sages, soit que de fausses vues d'unité les égarent, soient qu'ils s'imaginent offrir aux citoyens une plus sûre garantie de leurs droits, ont demandé que toutes les affaires contentieuses de l'administration fussent indistinctement renvoyées aux tribunaux.

Ils appuient leur objection sur ce principe qu'il importe autant à la conservation de la propriété et des droits qui en dérivent, qu'à la sûreté des personnes, que les citoyens ne soient en aucun cas distraits de leurs juges naturels.

Cette objection a sa racine dans la Charte.

L'art. 58 veut que les juges nommés par le Roi soient inamovibles.

L'art. 62, que nul ne puisse être distrait de ses juges naturels.

L'art. 63, qu'il ne puisse être créé de commissions et tribunaux extraordinaires.

Ces articles sont clairs, précis ; mais où sont-ils placés dans la Charte? Sous le titre de l'ordre judiciaire. Que règlent-ils évidemment, d'après l'esprit et la lettre de ce titre? Les seules matières de l'ordre judiciaire. Or ici il ne s'agit uniquement que de l'ordre administratif; ainsi le principe consacré par la Charte ne souffre aucune exception dans les matières civiles et criminelles; mais c'est forcer ses conséquences, que de l'appliquer aux matières administratives qu'il n'a ni prévues, ni réglées.

L'objection la plus spécieuse écartée, j'aborde le fond du système.

Faut-il remettre aux tribunaux le jugement du contentieux administratif?

Les argumens se pressent en foule pour combattre ce système. Il ne faut que les choisir.

Examinons d'abord la qualité des matières :

Il suffit, à cet égard, de demander comment les cours royales pourraient connaître, par appel, des arrêtés des préfets et des conseils de préfecture; des réglemens de compétence et des conflits d'attribution; du contentieux des domaines nationaux; des décisions des ministres sur les marchés, les approvisionnemens, les fournitures des différens services; des décomptes, des réglemens d'eau ; des matières de grande et de petite voirie ; d'octrois ; de contributions directes ; de concessions de mines ; d'établissemens d'industrie, de manufactures ; de desséchemens de marais, et d'une foule de matières purement administratives.

Examinons maintenant la qualité des parties.

Dans les matières civiles, les deux parties, égales en faveur aux yeux de la loi, doivent recevoir d'elle la distribution de la même justice faite par les mêmes juges.

Mais, dans les matières administratives, l'intérêt public étant plus pressant que l'intérêt particulier, la garantie la plus forte doit être raisonnablement pour la partie la plus favorable.

Si le caprice du Gouvernement créait, pour chaque question, dans le silence du contrat ou de la loi, une commission extraordinaire, il y aurait arbitraire, abus, tyrannie. Mais dans ces matières, le citoyen se soumet à des juges administratifs, soit par l'effet d'une clause spéciale insérée dans l'acte, soit par l'effet de la disposition précise d'une loi. Dans le premier cas, il connaît l'étendue de l'obligation à laquelle il s'enchaîne librement; dans le second cas, il ne peut prétexter l'ignorance de la loi qui ne se présume jamais. Il n'y a donc ni injustice, ni arbitraire dans cette forme de procéder qu'il a, ou acceptée volontairement ou dû connaître (1).

En second lieu, le Gouvernement, par le ministère de ses agens, ne défend jamais ses droits avec la chaleur et l'activité de l'intérêt personnel. N'est-il donc pas nécessaire d'instituer des juges d'exception qui veillent avec plus de soin sur les intérêts de l'Etat, et préviennent les suites de l'oubli ou de la molle défense de ses agens ?

On dira peut-être que si les droits de l'Etat doivent être conservés, il faut aussi que les droits des citoyens soient protégés.

Sans doute il faut, pour leur commune garantie, que le tribunal administratif soit mieux organisé ; mais le vice de sa constitution actuelle qui tient à l'exécution seule, ne détruit pas la nécessité de la juridiction exceptionnelle, qui tient au principe même. Parce que l'autorité administrative a, pendant la révolution, usurpé sur les tribunaux la puissance de juger, faut-il aujourd'hui passer dans un autre désordre et transférer toute l'administration dans les tribunaux ? Les pouvoirs ont été divisés ; faut-il les réunir ? Non, il faut les régler.

---

(1) Je dis loi, car de simples décrets ou ordonnances ne peuvent régler la propriété sous un Gouvernement constitutionnel.

Je poursuis, et j'ajoute que l'esprit et les maximes des corps purement judiciaires, tromperaient souvent l'attente du Gouvernement, en ce que dominés par un esprit de rivalité, d'orgueil et d'opposition, les tribunaux annulleraient sans but les opérations des ministres et les actes des administrations inférieures placées hors de leur hiérarchie, compromettraient les différens services, paralyseraient l'action de la puissance exécutive, et mettraient souvent ainsi en danger la chose publique, lorsque par des considérations supérieures qu'ils ne sont pas à même d'apprécier, dans des circonstances urgentes et pour le bien de l'Etat, il faut que les ministres agissent par voie d'ordre et d'autorité; en ce que trop loin pour apercevoir la raison politique, quand ils l'entreverraient, ils seraient portés sans s'en douter vers le principe du droit civil auquel ils sont accoutumés (1).

Je dis aussi qu'il pourrait arriver que les citoyens rencontrassent en eux des juges beaucoup plus inflexibles, qui leur appliqueraient avec rigueur des dispositions toutes fiscales, et telles qu'ils les liraient écrites dans la loi ou le réglement, entraînés qu'ils sont par l'habitude d'ob-

(1) M. Locré.

server scrupuleusement les règles étroites du droit commun. De sorte que, sous le premier rapport, les tribunaux gêneraient la marche du Gouvernement; et que, sous le second rapport, les citoyens fuyant la rigueur de leurs juges naturels, imploreraient eux-mêmes l'asile d'un tribunal d'exception, qui saisissant mieux le but, le sens et les effets des lois administratives, et se considérant plutôt comme une cour d'équité, que comme un véritable tribunal, adoucirait pour eux, sans trahir ses devoirs et par de sages tempéramens, la nécessité de la loi.

Continuons à suivre le développement des deux systèmes comparés.

N'est-il pas vrai que, dans les matières administratives, la simplicité des formes, l'économie des frais, la promptitude des jugemens, la célérité de l'exécution, sont le premier besoin, soit de l'Etat, soit des particuliers? Or y a-t-il un seul de ces avantages qui puissent se rencontrer dans la constitution de nos tribunaux civils? N'est-il pas vrai, au contraire, que devant un tribunal administratif qui offrirait aux citoyens toutes les garanties conciliables avec l'intérêt de l'Etat et la qualité de ces matières, il serait facile que la procédure y fût réduite aux formes les plus simples; qu'il y eût peu de frais; qu'une latitude raisonnable y fût laissée à la défense; que l'instruction des affaires s'y fît par écrit, et qu'on en expédiât beaucoup, bien et vite?

Enfin l'instruction d'un grand nombre d'affaires ne se compléterait qu'avec des difficultés presque insurmontables devant les tribunaux ordinaires. Pense-t-on en effet que les administrations inférieures, les différentes directions générales et les bureaux des ministères, satisfissent promptement aux demandes des tribunaux, et leur communiquassent avec exactitude les détails et renseignemens dont ceux-ci auraient souvent besoin pour éclaircir une affaire? Les haines, les préventions, les jalousies que la rivalité de deux pouvoirs contraires produisent entre ceux qui les exercent, doivent assez faire comprendre combien on aurait de peine à lever de pareils obstacles.

Au lieu que le tribunal administratif, par l'organe et l'entremise du Ministre de la justice, ou du Sous-secrétaire d'Etat qui doivent toujours le présider dans l'intérêt du Gouvernement et des parties, quelle que soit sa composition et sa forme, peut obtenir avec diligence les renseignemens les plus étendus et les plus exacts dans les bureaux des autres ministères d'où l'affaire est sortie; et ces communications officieuses qui, de degré en degré, et dans l'ordre hiérarchique, arrivent au tribunal administratif, complètent l'instruction de l'affaire dans ses moindres détails, et accélèrent singulièrement la distribution de la justice.

J'ai prouvé que le second système n'est bon ni dans la théorie, ni dans l'application, et que l'intérêt de l'Etat et celui des particuliers le repoussent également.

Abordons le troisième système.

CHAPITRE VI.

Que l'ancien Conseil des Parties ne peut être rétabli.

Si ceux qui désireraient voir revivre le Conseil des parties, avaient médité davantage sur les différences qui existent entre les deux systèmes de Gouvernement, entre les mœurs, les opinions, les lois et les institutions de la Monarchie absolue et de la Monarchie constitutionnelle;

S'ils s'étaient souvenus que la Révolution a déraciné toutes nos vieilles institutions, que tout a disparu : système politique, lois civiles, juridictions, mœurs, habitudes générales, priviléges des provinces, des corporations, de la noblesse; que l'édifice social a été reconstruit jusque dans ses fondemens, sur un nouveau plan, et avec d'autres matériaux;

S'ils avaient senti que les institutions, dans un système politique bien lié, n'ont qu'une excellence relative, et que plus une institution a de cette excellence relative, moins elle est propre à figurer isolément à côté d'un système nouveau, parce qu'elle n'avait d'utilité que dans un ordre de choses pour lequel seulement elle avait été faite et qui n'existe plus :

Alors ils comprendraient qu'il y aurait autant d'inconvéniens à rétablir aujourd'hui le Conseil des parties, qu'il y a de témérité à blâmer sa disposition dans l'ordre du régime ancien.

Ils comprendraient que si les vérités de la morale sont de tous les tems et de tous les pays, les vérités de la politique changent avec les siècles, la fortune, les lieux, les choses et les hommes.

Ils comprendraient que chaque Gouvernement ne doit porter sa force que là où est la résistance, la réforme où est l'abus.

Ainsi, sous l'ancienne Monarchie, la résistance était dans les parlemens; la force de les soumettre fut placée dans le Conseil; le Roi, par ses évocations, assujettissait les parlemens, malgré eux, au frein de sa toute puissance.

L'abus était dans les mille coutumes qui, contraires l'une à l'autre, se partageaient la France; dans les mille priviléges des individus, des états et des corporations qui pesaient sur elle.

Le Roi, suprême législateur, pouvait seul, du haut de son Conseil, rétablir l'uniformité dans la jurisprudence, et l'égalité dans la justice distributive.

La révolution a détruit ce système de forces et de résistances sagement balancées.

Les prérogatives politiques des parlemens étendues, légitimées, réglées par la Charte, sont passées aux Chambres.

La puissance de juger, qui émane uniquement du Roi, image vivante, perpétuelle, et sacrée de la justice, a été par lui déléguée toute entière, en matière civile et criminelle, aux tribunaux.

Or, maintenant qu'il n'y a plus de parlemens, plus de coutumes, plus de priviléges; qu'une seule loi régit tout le royaume; que tous les citoyens, sans distinction de rang, sont égaux devant elle, et que les juges ont été ramenés à leurs devoirs, l'intervention du Roi dans leurs jugemens a dû cesser, puisqu'elle n'était plus nécessaire, ni pour fortifier la prérogative de sa couronne, ni pour secourir les libertés de ses sujets.

Autre temps, autres institutions; autres besoins, autres ressources.

La jouissance illimitée des pouvoirs politiques peut, au commencement des révolutions, être le songe d'une foule de citoyens; mais elle n'est plus, à la fin de ces révolutions, que le cri de quelques ambitieux.

La multitude, dégagée de ses illusions, et encore haletante des fatigues du règne populaire, ne s'attache plus qu'à ce qu'il y a de réel pour elle ; et il n'y a guère de réel pour la multitude, que le plein exercice des droits civils (1).

Voilà presque la seule liberté où ses besoins aspirent ! Mais cette liberté, elle la veut toute entière ; elle la veut d'une volonté constante et forte ; et comme, après avoir été tant de fois trompée, elle est soupçonneuse ; il ne lui paraît pas qu'elle en jouisse, si elle ne la voit protégée par un pouvoir indépendant. Ce pouvoir réside dans les tribunaux : et la Cour de cassation, placée à leur sommet, est depuis vingt ans dans l'opinion du peuple la gardienne de ses droits civils.

Les Français sont extrêmement jaloux de l'indépendance de leurs tribunaux. Le gouvernement impérial, malgré ses rapides envahissemens, n'osait pas directement y toucher, et le sénatus consulte qui cassa le fameux jugement d'Anvers, fut aux citoyens la plus sensible injure du despotisme, parce qu'il leur sembla violer le dernier asile où la liberté s'était réfugiée.

Qui pourrait, dans cette disposition des esprits et des choses, désirer le rétablissement du conseil des parties ?

---

(1) Un très-petit nombre de citoyens jouit en France du droit d'élection.

Les citoyens, dont les relations d'intérêts avec le Gouvernement se sont prodigieusement multipliées depuis la révolution, ne seraient-ils pas jetés dans les plus vives alarmes, si, lorsqu'ils plaident avec le domaine sur des questions ordinaires de propriété, ils étaient à chaque moment distraits de leurs juges naturels, et évoqués devant le Conseil pour le profit de leur partie adverse, du domaine lui-même ?

Jusqu'ici ils ont trouvé, dans la Cour de cassation, la plus ancienne de nos institutions existantes, un tribunal régulier, où toutes les formes judiciaires sont observées; où les audiences, les plaidoiries, les jugemens, sont publics; dont les membres sont indépendans, parce qu'ils sont inamovibles, parce qu'ils ont atteint le dernier terme de leur ambition, parce qu'ils vivent dans les retraites de l'étude, loin des séductions de la faveur.

Mais que trouveraient-ils dans l'ancien Conseil des parties reconstitué?

D'une part, des juges temporaires, amovibles, liés avec les ministres dont ils vont examiner les actes, par la reconnaissance, les opinions politiques, l'ambition et la crainte.

D'autre part, une procédure, une instruction et une délibération à huis clos, des décisions prises en secret, non sur plaidoiries, mais sur simples rapports, la puissance de juger ôtée aux juges du territoire et du domicile, et transportée à grands frais, par la voie de l'évocation, à un tribunal d'exception éloigné des plaideurs, et qui appliquerait tantôt des lois, tantôt des ordonnances; qui ne prononcerait bien sur aucune matière, pour vouloir se mêler dans toutes, et qui suivrait les principes d'une jurisprudence inconnue aux parties, puisque ses jugemens n'auraient point de publicité.

Qu'on nous dise maintenant lequel du conseil des parties ou de la Cour de cassation garantirait le mieux aux citoyens le plein exercice de leurs droits civils ?

L'exercice de ces droits pourrait-il offenser les prérogatives de la Couronne? Non : la liberté politique combat souvent pour l'empire ; la liberté civile ne combat jamais que pour la conservation.

La liberté civile, protégée par l'indépendance du pouvoir judiciaire, est peut-être la seule conquête dont la révolution puisse se glorifier.

Elle est du moins le plus fécond principe de vie qui soit sorti de ses ruines.

Elle est une des perfections de l'ordre social.

Elle contente les sujets, parce qu'elle garantit

la liberté de leur conscience, de leurs opinions, de leurs personnes et de leurs biens.

Elle affermit le trône, parce qu'elle ôte tout prétexte légitime aux ambitions.

Elle est le fondement, le but et le résultat de tous les Gouvernemens représentatifs.

Les Rois ne sont point forts par l'exercice illimité de leur puissance; car qu'y a-t-il de plus faible qu'un despote?

Ils sont forts par l'opinion intime et réfléchie que chaque citoyen, sous leur gouvernement, y a de sa liberté et de leur justice.

Ils gêneraient donc la liberté civile sans aucun bénéfice réel pour leur puissance.

Le Conseil des parties n'était véritablement une bonne institution que sous le rapport politique, en ce qu'il secourait le trône contre les efforts des parlemens. Voulez-vous donc rétablir le Conseil des parties? Commencez par démontrer que nos tribunaux menacent la sûreté et les prérogatives du trône. Car, avant de prouver la nécessité du remède, il faut prouver l'existence du mal : or le mal n'existe pas.

En effet, qu'y a-t-il de commun entre les anciens Parlemens et nos Tribunaux?

Les Parlemens plaçaient beaucoup moins leur gloire dans la distribution de la justice que dans l'exercice de certaines prérogatives politiques qui flattaient davantage en eux la passion naturelle de l'homme, l'amour du pouvoir.

Nos Tribunaux sont renfermés, par la loi et par l'usage, dans leurs fonctions de juges.

Les membres des Parlemens étaient indépendans par la propriété de leurs charges, et par leur vénalité qui mettait à chaque ambition les bornes de chaque fortune; par l'exigence des preuves de noblesse, qui limitait le nombre de concurrens pour les offices de la magistrature, et par l'usage même de ne porter ni titres, ni décorations, qui les préservait des séductions de la vanité.

Les membres de nos Tribunaux, pauvres et salariés, sont dans la première de toutes les dépendances, celle de l'argent, puisque le Gouvernement peut, au gré de son caprice, diminuer, réduire, augmenter, suspendre leur salaire. Ajoutez que la Charte ouvre indistinctement à tous les citoyens la porte des honneurs : or ces honneurs sont tellement disposés dans la hiérarchie judiciaire, que l'ambition du dernier juge est invitée à monter de degré en degré jusqu'au premier rang. Ainsi leur avancement, leurs dignités, leurs traitemens, tout ce qui peut flatter l'intérêt, l'ambition, la vanité, sont autant de liens par lesquels le Gouvernement enchaîne nos juges.

Les membres des Parlemens qui tenaient par leurs alliances aux gros commerçans, à la haute finance, à la noblesse, au clergé, formaient des corporations animées d'un même esprit, et exerçaient dans les provinces l'influence que donnent toujours l'éclat des noms, la possession des grandes fortunes, l'hérédité des places qui est aussi une propriété, et le patronage qui suit la richesse et le pouvoir.

Les membres de nos Tribunaux, sans richesses, sans nom, sans hérédité, qui reçoivent des traitemens trop considérables si on les compare à la pauvreté de l'État, trop modiques si on les compare à la dignité de leurs rangs, n'ont ni esprit de corps, ni influence, ni clientelle; on dirait que, hors de l'enceinte du tribunal, ils s'évanouissent.

Les Parlemens reconnaissaient la loi et la jugeaient, puisqu'ils pouvaient refuser de l'enregistrer.

Nos Tribunaux l'appliquent et l'exécutent sans enregistrement, sans remontrances, sans murmures.

Les Parlemens statuaient quelquefois par voie de disposition générale et réglementaire.

Nos Tribunaux ne prononcent jamais que sur des espèces particulières.

Les Parlemens, comme administrateurs suprêmes de la justice, exerçaient la haute police depuis réduite en art, et devenue l'un des ressorts les plus actifs de nos modernes gouvernemens qui n'ont pas encore eu le temps de plonger assez avant leurs racines dans nos opinions, dans nos habitudes et dans nos mœurs.

Nos Tribunaux n'exercent plus aujourd'hui que la police judiciaire, resserrée de tous côtés par les prétentions de la police administrative.

Il était besoin que le Roi, par les arrêts de son Conseil, mît un frein aux entreprises des Parlemens, où l'Opposition s'était retranchée, et avait voix et asile.

Les entreprises des Tribunaux seraient à l'instant réprimées par la puissance exécutive confiée aux mains du ministère, et par le concours empressé des deux Chambres qui verraient dans ces entreprises un attentat contre la Charte; et, crime plus grand encore! une usurpation de leurs propres pouvoirs.

Les Parlemens n'étaient pas fâchés, jusqu'à un certain point de voir éclater quelques troubles dans l'État, parce qu'ils y espéraient l'affaiblissement de la puissance royale, et des occasions favorables à l'extension de leurs prérogatives.

Nos Tribunaux, toujours victimes des suppressions, des économies, des réorganisations, des réformes et des épurations que chaque révolution amène à sa suite, voient, dans les troubles de l'État, leur propre existence mise en péril avec la sienne; et la conservation du Gouvernement actuel est leur plus cher vœu, comme leur plus réel intérêt.

Aussi les Parlemens, au commencement de la Révolution, ardens novateurs, se révoltèrent contre l'autorité royale, au lieu de fortifier sa faiblesse et de secourir ses besoins, et sappèrent d'une main imprudente les fondemens de ce trône qui devait bientôt les écraser sous sa chute.

Mais les Tribunaux ont passé à travers nos révolutions, sans s'y mêler, sans arrêter ni sans précipiter leur cours, tandis que les agens de l'administration, et surtout les maires des villes et des communes rurales, par leur influence et par leur action sur des masses de citoyens, préparaient ou consommaient les changemens de nos destinées.

Gardons-nous donc bien de cette grave erreur que, pour fortifier la prérogative royale, il faudrait remettre la Cour de cassation dans le Conseil d'Etat.

Gardons-nous bien de toucher à ce que le peuple pense être le palladium inviolable de sa liberté civile, et ne l'inquiétons pas sans profit dans la possession jalouse de ce qu'il a de plus cher.

Loin de nous plaindre que les tribunaux soient trop indépendans, regrettons plutôt qu'ils ne le soient pas assez. Le peuple ferait plus de cas de sa liberté, s'il voyait le pouvoir qui la protège plus honoré; et la mesure de l'estime qu'il fera d'elle sera toujours la mesure de son attachement au Gouvernement.

N'oublions pas que si l'Assemblée constituante a décrété le principe de la séparation des pouvoirs, les législatures qui lui ont succédé, se sont appliquées sans relâche à détourner, au bénéfice de la révolution, l'application de ce principe.

N'oublions pas que ce n'est pas le pouvoir judiciaire, mais le pouvoir administratif qui, sorti de ses limites, avait élargi les voies de la révolution, envahi la France et fatigué les ressorts du Gouvernement (1).

N'oublions pas enfin que les divers Gouvernemens qui viennent de s'écrouler ont toujours commandé aux tribunaux de plier sous le joug de l'autorité administrative, parce qu'ils redoutaient leur inflexible justice; que long-temps ces tribunaux se sont courbés de crainte et de respect devant les décisions des administrations les plus subalternes; que la Commission du contentieux n'a pu parvenir que par les efforts d'une salu-

(1) Voyez le second chapitre du titre premier.

taire constance à repousser les attributions dont l'administration voulait sans cesse l'investir, à s'en dépouiller elle-même, à restreindre l'application des lois exceptionnelles, et à restituer aux tribunaux toutes les matières qui leur appartiennent (1). . . . .

Rappelons-nous que le Roi lui-même a condamné le rétablissement du Conseil des parties, qu'il a reconnu l'avantage de simplifier l'ancien système, et qu'il a déclaré qu'on ne pouvait se dispenser de mettre le Conseil d'État en harmonie avec les changemens survenus dans la forme du Gouvernement et dans les habitudes de ses peuples (2).

N'allons point commettre la faute de nos devanciers, brouiller toutes les juridictions, et déplacer chaque pouvoir des limites dans lesquelles nous avons eu tant de peine à le faire rentrer.

Non, ce n'est point contre les tribunaux qu'il faut diriger les résistances du Gouvernement; c'est plutôt contre les deux Chambres qui ont

---

(1) Le Gouvernement impérial a plusieurs fois violé l'indépendance du pouvoir judiciaire, en appelant à la suite du Conseil d'Etat les présidens des Tribunaux et des Cours dont les jugemens lui avaient déplu. Voyez l'arrêté du Gouvernement du 15 brumaire an 10, inséré au Bulletin des lois.

(2) Ordonnance du 29 juin 1814.

hérité des prérogatives des Parlemens. C'est là qu'est le péril, c'est là qu'il faut porter le secours.

Si le Conseil d'Etat peut être utile, ce n'est point en absorbant la Cour de Cassation, en s'érigeant en une autorité qui gêne à-la-fois le Ministère et les Chambres, et qui soit, d'ailleurs, contraire à la nature des Gouvernemens représentatifs; mais c'est, comme nous l'avons déjà dit, en préparant les ordonnances, les réglemens d'administration générale, et les projets de loi soumis aux Chambres, d'après le renvoi des Ministres, en leur présence, sous leur adoption facultative, et sous le principe de leur responsabilité.

Et il ne suffit pas que la liberté civile soit affermie en ce qui regarde seulement la justice des tribunaux, il faut qu'elle le soit aussi en ce qui regarde la justice de l'administration. Ces deux justices règlent des intérêts privés qui sont semblables; mais l'une offre assez de garantie dans la composition de ses tribunaux, la régularité de ses formes, la sagesse de ses lois et l'indépendance de ses juges; l'autre est gâtée par tous les abus qui doivent nécessairement découler des obscurités et des autres vices de sa législation, des imperfections de sa procédure, de la versatilité de sa jurisprudence, et de l'amovibilité de ses juges. Et qu'arrive-t-il de là? C'est que n'offrant pas aux citoyens assez de garanties, elle ne leur inspire pas non plus assez de confiance.

J'ai essayé de prouver que la juridiction administrative ne devait être placée ni dans le Conseil d'Etat, ni dans le Conseil des Ministres, ni dans les Bureaux des ministères, ni dans les Tribunaux, ni dans le Conseil des parties reconstitué. Où la placerons-nous donc ?

Je vais le chercher et le dire.

CHAPITRE VII.

Du Principe de la Liberté civile, de son étendue, et de ses garanties.

Je ne sais pourquoi on affecte dans mon pays de regarder comme incompatibles sous la Monarchie constitutionnelle deux choses, qui pourtant s'accorderaient si bien, le plein exercice de la liberté civile et le plein exercice de la prérogative royale.

Je dois peut-être dire quelque chose du principe de la liberté civile, avant de rechercher ses meilleures garanties.

On conçoit facilement que les anciens fussent glorieux de l'exercice de leurs droits politiques, parce que dans les plus vastes républiques, un petit nombre de citoyens entrait en partage égal de ces droits.

L'amour de la liberté politique, qui n'est presque jamais que l'amour du pouvoir, s'augmente à mesure que moins de personnes en jouissent. Qu'y a-t-il en effet de plus jaloux du pouvoir qu'un despote?

Mais quand le droit politique se divise en fractions infiniment petites, et qu'on n'en exerce que la trente millionième partie, la vérité est qu'on n'y tient guère. C'est pour cela que dans nos sociétés corrompues, où tant de besoins pressent de leurs liens et étouffent à chaque moment l'exercice même de la liberté naturelle, le peuple fuyant les périls et les misères de la démocratie, se rangera toujours de lui-même sous la protection secourable d'un Roi, et les choses en viendront bientôt à ce point, qu'il faudra placer à côté du Prince des corps peu nombreux pour y concentrer l'exercice trop divisé des droits politiques ; et le Prince lui-même, pour que son pouvoir dure et s'affermisse, y mettra volontairement des bornes. Il n'arrivera pas souvent qu'il y soit contraint par les citoyens ; mais il arrivera toujours qu'ils lui demanderont de garantir la sûreté de leurs personnes, la liberté de leur conscience et de leurs opinions, la disposition de leur industrie et de leurs propriétés mobiliaires et immobiliaires.

Qu'on ne s'y méprenne point : ce n'est pas dans l'usurpation des pouvoirs politiques que les peuples des royaumes modernes placent la tyrannie. C'est dans ses entreprises contre la propriété par voie d'impôts, de confiscation, ou autrement, et contre la sûreté des personnes, par les emprisonnemens, les proscriptions, les exils et les supplices; et s'il y a tant d'esprits sages qui donnent la préférence au Gouvernement représentatif, ce n'est assurément point qu'ils veuillent par orgueil ou par ambition, diminuer la puissance royale; c'est qu'ils s'imaginent, avec raison, voir dans ce Gouvernement, plutôt que dans tout autre, de plus fortes garanties pour la liberté civile.

Qu'on se souvienne que si le Gouvernement consulaire obtint d'abord la faveur et les louanges du peuple, c'est qu'il proclama le respect de la propriété, et qu'il fit de bonnes lois civiles pour la régler et pour la maintenir. Mais le Gouvernement impérial, ne vit-il pas la confiance de la nation se retirer peu-à-peu de lui, lorsqu'il porta les plus rudes coups à la liberté des citoyens par la conscription, et à la propriété par des confiscations, par des impôts arbitraires, par le mépris de ses propres engagemens, par la violation des jugemens, et par les banqueroutes légales de ses liquidations?

Il suit de ces raisonnemens et de ces exemples, que plus la liberté civile sera pleinement assurée, plus les sujets seront heureux, et plus le trône sera stable. Or les Français trouvent déjà dans la distribution de la justice civile les garanties qui suffisent à leur liberté. Il serait facile aussi qu'ils les trouvassent dans la distribution de la justice administrative, autant toutefois que le comporte la différence des matières réglées par ces deux sortes de justice.

Mais comme on a paru mettre en doute la nécessité de la juridiction administrative, c'est ce doute qu'il faut d'abord lever; car si cette juridiction est inutile, pourquoi chercherions-nous les moyens de la mieux organiser?

CHAPITRE VIII.

De la nécessité d'une Juridiction administrative.

Il faut sur ce point voir les choses telles que la révolution les a faites.

La suppression des pays d'Etat, des administrations municipales, des administrations provinciales et des parlemens qui jugeaient différentes questions en dernier ressort, fit créer des compétences nouvelles.

Bientôt l'autorité administrative, comme je l'ai déjà dit, absorba une foule de matières, et des extrémités du royaume elle ramena tout peu à peu au Gouvernement, comme vers un point unique de centralisation.

Cette action de l'administration, si nouvelle, si rapide, si universelle, a nécessairement engendré beaucoup de questions contentieuses.

La méfiance et la politique du Gouvernement ont également ôté aux tribunaux ordinaires plusieurs matières mixtes qui étaient tombées dans leur domaine depuis l'abolition des tribunaux d'exception.

L'intérêt public a paru dominer assez dans

d'autres affaires pour qu'on les soumît aux formes plus simples et plus expéditives de l'administration.

Enfin les intérêts qu'on a appelé révolutionnaires ont tous pris leur source dans l'administration. La politique commande de laisser pendant long-temps encore l'administration appliquer, dans cette matière, les lois qu'elle a faites, interpréter les actes qu'elle a passés, protéger les droits qu'elle a introduits.

La quantité de ces nouveaux droits est immense : le nombre des ventes de biens nationaux faites depuis l'origine par l'Administration des domaines dans les départemens de la France actuelle, s'est élevé à. 1,009,356
celui des biens vendus par la Caisse d'amortissement à 13,104

Total. 1,022,460

Les effets de ces ventes se sont subdivisés et multipliés à l'infini en passant dans des mains nouvelles à titre de successions, de donations, de revente, de dot, d'échange, d'hypothèque, de traditions et de mutations de toute forme et de toute espèce. Or, cette masse prodigieuse d'intérêts nouveaux est sortie des flancs de la révolution, et repose sous la protection de l'autorité administrative ; si vous lui ôtez sa juridiction, comment les protégera-t-elle ?

Il ne s'agit donc pas maintenant de rechercher si la simplicité des anciennes juridictions était préférable, et si le tribunal administratif aurait, avant la révolution, été inutile, mais si aujourd'hui il est nécessaire ; or, cette nécessité est démontrée. Il n'est pas moins démontré que la juridiction des tribunaux ordinaires remplacerait mal, dans ces matières, pour les citoyens comme pour l'Etat, la juridiction de l'administration ; que les intérêts réglés par la loi administrative ne sont guère moins nombreux ni moins importans que les intérêts réglés par la loi civile, et que par conséquent l'une de ces juridictions doit offrir aux parties à-peu-près les mêmes protections et les mêmes bienfaits que l'autre.

Quelles sont donc les meilleures garanties que le Gouvernement puisse donner à l'État et aux citoyens pour la distribution de la justice administrative ?

Il me semble, si je ne me trompe, qu'on les trouverait réunies dans l'accomplissement des conditions suivantes :

1° Que la juridiction administrative supérieure fût ôtée au Conseil d'État ;

2° Qu'elle fût remise à un Tribunal indépendant ;

3° Que les juges de ce Tribunal fussent inamovibles;

4° Que ses arrêts rendus au nom du Roi, comme ceux des tribunaux ordinaires fussent définitifs et exécutoires par eux-mêmes, sans avoir besoin de la sanction royale;

5° Qu'un commissaire du Roi y fût spécialement chargé de la défense des intérêts de l'État;

6° Qu'il fût toujours présidé par le Ministre de la justice;

7° Qu'on laissât à ce Tribunal la procédure et à-peu-près les attributions du Comité du contentieux;

8° Que dans la composition de ses membres, on fît une attention particulière, à l'étendue, au genre et à la variété des connaissances nécessaires pour bien traiter des matières si diverses et si importantes;

9° Que les Comités du conseil, établis près de chaque ministre, fussent exclusivement chargés d'y préparer l'instruction des affaires contentieuses sous la forme d'avis remis à l'approbation facultative du Ministre;

10° Que pour compléter le système, on améliorât l'organisation des tribunaux administratifs inférieurs;

11° Qu'on réformât la législation administrative.

Je vais maintenant établir, dans l'ordre que je viens de tracer, la nécessité de toutes ces conditions.

CHAPITRE IX.

Que la Juridiction administrative doit être ôtée au Conseil d'État.

On objectera peut-être que l'ancien Conseil royal et l'ancien Conseil impérial exerçaient cette juridiction.

Qu'est-ce à dire ? Vivons-nous encore sous le régime de ces deux Conseils ? et pourquoi l'existence du Tribunal administratif supérieur serait-elle nécessairement liée à l'existence du Conseil d'Etat ? Il était nécessaire aussi sous l'ancienne Monarchie que la Cour de cassation se trouvât placée dans le Conseil d'État ; faut-il pour cela qu'on l'y remétte sous la Monarchie constitutionnelle ? Les institutions ne sont-elles pas l'expression des besoins de chaque Gouvernement, et les besoins de chaque Gouvernement ne varient-ils pas avec sa forme ?

On dira peut-être aussi que les parties trouvent dans l'organisation actuelle du Conseil d'Etat deux degrés d'examen et une délibération plus solennelle, plus consciencieuse, plus éclairée.

Je crois avoir démontré au chapitre III le vide de cette objection.

Enfin, ce qui tranche la question, c'est qu'en

1814, les arrêts du Comité du contentieux n'étaient pas soumis à la délibération du Conseil. Cependant aucune plainte, soit du Gouvernement, soit des particuliers, ne s'est élevée contre ces arrêts.

Laissons donc le Conseil d'Etat à ses éminentes et utiles fonctions; qu'il soulage les Ministres, qu'il prépare les lois, les réglemens, les ordonnances; qu'il se mêle des affaires publiques et non des affaires particulières; qu'il soit un Conseil et non un Tribunal; c'est l'intérêt véritable des citoyens et du Gouvernement, c'est l'esprit de son institution qui le veulent ainsi.

Mais il ne suffit pas que la juridiction administrative soit séparable et séparée du Conseil d'Etat, il faut encore qu'elle soit confiée à un tribunal indépendant du Gouvernement.

CHAPITRE X.

De l'Indépendance du Tribunal administratif.

Je vais prouver la nécessité et les avantages de cette indépendance dans les intérêts de l'Etat et des citoyens.

C'est malheureusement une opinion trop enracinée dans les meilleurs esprits, que le Gouvernement doit seul juger toutes les affaires contentieuses de l'administration.

Cette opinion, si commode pour l'arbitraire, vient aussi de ce que l'on confond sans cesse l'administration exécutive avec l'administration contentieuse.

Cependant rien de plus distinct.

Lorsque le Gouvernement ordonne, lorsqu'il administre, lorsqu'il règle, rien ne doit entraver sa marche. La puissance d'exécution, qui est la vie du corps politique, doit déployer avec liberté tous ses mouvemens. Seule elle choisit, dispose, et juge ses moyens. Seule elle agit, seule aussi elle est responsable : voilà l'administration exécutive.

Mais lorsque le Gouvernement a quelques débats avec les particuliers sur un droit, sur une propriété, il s'individualise alors, il devient personne privée ; c'est ainsi qu'il plaide devant les Tribunaux, c'est ainsi qu'il se présente devant le Conseil d'Etat : voilà l'administration contentieuse.

Pressons maintenant les conséquences de cette distinction.

Lorsque le Gouvernement contracte avec un citoyen, peut-il être juge de ce contrat qu'il vient de former comme partie ?

Si j'interroge l'équité naturelle, si j'ouvre les lois civiles, elles me répondent qu'une partie ne peut se juger elle-même.

Quelles sont donc ces puissantes considérations qui imposent au Gouvernement, d'une voix si haute, la nécessité de retenir le jugement des affaires contentieuses ? Est-ce que l'intérêt de l'administration y dominerait tellement, qu'il dût faire pencher en sa faveur la balance de la justice ? Est-ce que toutes les garanties des citoyens doivent lui être sacrifiées ? Cela peut être la raison du plus fort ; mais ce n'est pas assurément la raison de la justice, de la vérité, de la nécessité.

Si le Gouvernement doit retenir la décision des affaires contentieuses administratives, par cette seule raison que l'intérêt de l'Etat y domine, pourquoi ne retient-il donc pas aussi toutes les questions de l'impôt indirect qui touchent aux sources de la fortune publique ; et toutes ces autres questions si diverses, si multipliées, si importantes qui touchent la propriété du domaine de l'Etat, et qui sont soumises aux tribunaux par les Administrations des domaines, des droits réunis, des douanes, des eaux et forêts et de l'enregistrement? L'intérêt de l'Etat, l'importance des matières sont donc, comme on le voit, des objections plus spécieuses que solides.

Poursuivons : on prétextera que le Comité du contentieux, organisé par une loi et rendu indépendant du Gouvernement, gênerait sa marche.

Je répondrai que le Comité du contentieux dans son organisation actuelle, n'agit point par voie réglementaire. Propose-t-il des lois? Embrasse-t-il dans une seule et même solution plusieurs espèces? Arrête-t-il les pas du Gouvernement? Nullement. Il ne prononce jamais que sur un seul cas, et le plus que possible par des motifs tirés, non des principes généraux de la matière, mais des circonstances particulières de la cause. Les questions ne s'agitent jamais qu'entre deux personnes ; réellement, si c'est entre deux citoyens ; fictivement, si c'est entre l'Etat et un citoyen ; car alors l'Etat plaide comme un individu. Les lois, les contrats, les marchés règlent la condition des parties ; le Comité du contentieux interprète et applique les dispositions de ces lois, les clauses de ces pactes. Les défenses sont pleines, libres, mutuelles. A quoi servent donc, je le demande, l'intervention du Conseil d'Etat, la présence des Ministres et la sanction du Prince dans ces discussions purement privées ?

Je vais le dire : elles servent uniquement à rendre inégale, sans sujet, la condition des parties, à gêner la liberté des juges, à diminuer l'opinion de leur impartialité.

Où est dans les affaires civiles la garantie du citoyen ? Elle est uniquement dans l'indépendance des juges : en effet, ils s'interposent entre l'Etat et les particuliers, et pèsent leurs intérêts avec égalité dans les balances de la loi. Mais, au contraire, dans les affaires administratives, le Conseil d'Etat fait corps avec le Gouvernement lui-même, d'où il arrive que l'une des parties et leur juge commun se confondant pour ainsi dire en une seule et même personne, l'autre partie se trouve en présence de lois fiscales qui lui sont presque toujours contraires, et d'un juge intéressé qui prononce dans sa propre cause. Or quelle confiance peut avoir celui qui a un litige avec les Administrations des domaines, des droits réunis, des ponts et chaussées et avec les différens Ministères, lorsqu'il voit sa partie adverse assise sur le tribunal qui va décider de son sort ?

Quel est l'entrepreneur, quel est le fournisseur qui passera volontiers un marché loyal avec le Gouvernement, lorsque celui-ci peut à son gré interpréter, expliquer, modifier, casser lui-même le contrat qui les lie tous les deux ?

Malheureusement un long usage a perverti les saines doctrines. On s'est fait dans l'administration une habitude de l'arbitraire, comme dans les tribunaux on s'en est fait une de la règle.

Selon les principes du droit commun, la compétence administrative ne devrait jamais résulter que d'une réserve expresse, insérée dans le marché, ou d'une disposition générale de la loi. Souvent la loi établit avec raison la compétence administrative dans le commun intérêt des parties, pour leur épargner les frais et les lenteurs des procédures judiciaires. Un ministre habile ne manque pas non plus de stipuler pour l'Etat, entre autres garanties, la juridiction exceptionnelle; mais si la loi, si le contrat gardent le silence sur l'exception, la juridiction ordinaire reprend son empire. Si vous repoussez cette distinction, si vous voulez que dans tous les cas l'administration prononce, alors constituez donc l'administration en tribunal et affranchissez ce tribunal des liens du Gouvernement.

Voulez-vous consulter l'opinion publique ? Elle vous dira, que lorsqu'un tribunal dépend du Gouvernement, les décisions les plus justes qu'il rend en faveur des citoyens passent pour faiblesse ou pour caprice, et que les décisions les plus justes qu'il rend contre eux passent pour erreur ou pour arbitraire.

Ainsi l'Etat n'a pas moins d'intérêt que les citoyens à l'affranchissement du tribunal administratif.

Mais je vois déjà qu'on m'objecte la dignité ministérielle.

Les ministres, dit-on, qui n'aperçoivent rien au-dessus d'eux parmi les fonctionnaires de l'État, pourraient-ils souffrir que leurs décisions fussent soumises à un tribunal inférieur ? Ils veulent bien seulement permettre qu'elles soient revues en conseil de famille, par une assemblée nombreuse d'hommes graves et éclairés, et consentir, d'après leur délibération, qu'on les modifie ou qu'on les change.

Qu'il me soit permis de réfuter cette objection.

Premièrement, la conséquence de ce que les ministres peuvent bien vouloir consentir que leurs décisions soient changées, est qu'ils peuvent bien vouloir aussi qu'elles ne le soient pas; et la seconde conséquence, qui se déduit naturellement de la première, est que le Conseil d'État ne serait plus alors, en matière contentieuse ministérielle, un véritable tribunal, mais un simple bureau de consultation.

Secondement, les décisions des ministres, en matière contentieuse, ne sont point de simples actes d'exécution et de pure administration; elles ont le caractère, la force et les effets des jugemens. Que sont, à vrai dire, les décisions des ministres, si vous mettez à part leur rang? Des jugemens de première instance. Or des juges de première instance se sentent-ils blessés de ce que leurs décisions sont revues en appel par d'autres juges indépendans d'eux? Et la pleine liberté des deux degrés de juridiction n'est-elle pas en France, dans toutes les matières, la plus précieuse garantie des citoyens?

Troisièmement, le grand nombre de juges assemblés au Conseil d'État n'est pas un argument plus solide : je l'ai déjà fait voir, et l'existence du Comité du contentieux, en 1814, répond victorieusement à l'objection du nombre.

Quatrièmement, n'oublions pas que nous vivons sous un Gouvernement représentatif; ne mettons pas la dignité ministérielle où elle n'est point : dans des jugemens. Ne faisons point les Ministres plus jaloux de leur puissance qu'ils ne le sont eux-mêmes.

Je demande si l'Opposition laisse échapper la plus petite occasion de leur rappeler à chaque moment qu'ils sont hommes? Je demande s'ils ne sont pas continuellement exposés à lutter corps à corps dans les Chambres avec chaque Député, à répondre en quelque sorte à des interrogatoires, à donner personnellement, et à la face de la France, des explications positives et détaillées, sur des actes qui leur sont propres, qui appartiennent à l'administration exécutive, à cette administration dont ils possèdent seuls la direction, le pouvoir et les secrets? Et l'on voudrait ensuite qu'ils eussent quelque répugnance à soumettre leurs décisions en matière contentieuse, non à un seul homme, mais à un tribunal éclairé!

Cinquièmement, prenons garde qu'un pourvoi dirigé contre une décision ministérielle, en matière contentieuse, n'est point une attaque violente et publique contre le Ministre, qui affaiblisse le respect dû à sa personne, et qui lui fasse échec dans l'opinion. L'instruction, la délibération et les jugemens de ces sortes d'affaires ne sont-ils pas secrets? Et qu'est-ce après tout, qu'un jugement qui ne prononce que sur une seule espèce, qui n'oblige étroitement que pour cette espèce seule, qui n'intéresse qu'un seul particulier, et demeure indifférent à tous, enfin qui ne blesse en rien l'opinion de la capacité du Ministre? En effet, c'est dans le maniement des grands intérêts publics, et dans les opérations d'ensemble, qu'excelle et que brille la supériorité d'esprit d'un Ministre, et non dans le détail des affaires contentieuses.

Personne ne trouve surprenant qu'un tribunal dont chaque membre applique chaque jour les forces de son intelligence à l'étude et à la décision des affaires contentieuses, les saisisse quelquefois mieux qu'un Ministre absorbé par les immenses travaux de sa place.

J'ajoute que, si comme je le propose, les différens comités du Conseil étaient exclusivement chargés, dans chaque Ministère, de préparer l'instruction des affaires contentieuses, et si (comme il arriverait presque toujours), le ministre convertissait leur avis en décisions par sa simple signature, ce ne serait pas alors, à proprement parler et dans la réalité, l'acte du ministre qu'on attaquerait devant le Tribunal administratif; à la vérité, cet acte porterait le nom de décision ministérielle, mais au fond, ce serait l'avis du comité. Or, on a beau pousser loin la fiction, on conviendra que le ministre verra avec moins de jalousie l'avis de son comité soumis à ce Tribunal, que si cet avis était son propre et personnel ouvrage.

Sixièmement, les décisions ministérielles sont à peine le quinzième des affaires portées en appel devant le Comité du contentieux. Ainsi, de l'aveu même de ceux qui font l'objection, il n'y aurait aucun inconvénient à permettre, dans quatorze cas contre un, l'indépendance du tribunal administratif. Leur puissant argument ne vaut donc que pour un quinzième.

De plus, comme il faut le remarquer, les décisions ministérielles ne statuent pas en général sur des intérêts plus importans que les arrêtés des conseils de préfecture.

Or, les ministres, dit-on, souffriront volontiers que le Tribunal administratif soit indépendant et que ses juges soient inamovibles, lorsqu'il s'agira de prononcer sur les arrêtés des conseils de préfecture, sur les arrêts de la Cour des comptes et sur les cas-d'abus; et lorsqu'il s'agira de prononcer sur leurs propres décisions, il faudra que ce même tribunal soit composé de juges amovibles et dépendans!

Quelle peut être la raison secrète de cette étrange contradiction? La voici : le Ministre envoie au combat, où le sort des deux parties va se décider, un renfort de six à huit conseillers d'Etat de son comité, qui se rangeront d'abord parmi les combattans, et se feront ensuite juges du combat. On laisse à deviner de quel côté doit pencher la victoire.

Maintenant direz-vous qu'un tel arrangement est commode pour le ministre? Et qui en doute?

Je vois bien la part de la faveur, mais qui fera la part de la justice ?

Chose singulière ! sous le Gouvernement absolu de Napoléon, les ministres auraient préféré au Conseil d'Etat un Tribunal administratif indépendant. Sous le Gouvernement libre du Roi, on prétend qu'ils se refuseraient à la création d'un pareil tribunal (1) !

Je ne pense point qu'ils s'y refusassent ; mais s'ils s'y refusaient, aurais-je, par hasard, expliqué pourquoi ?

Enfin, pour ne laisser aucune objection sans réponse, si chaque citoyen blessé dans ses droits disait au ministre : vous étiez mon adversaire et vous vous êtes fait mon juge ; ou laissez-moi vous attaquer devant un tribunal indépendant, ou souffrez que je vous prenne à partie. Le ministre, lui répliquerait-il : vous le pouvez ; je suis responsable. Mais le citoyen lui répliquerait à son tour : vous m'abusez, ou vous vous abusez vous-même. Vous n'êtes pas responsable, vous ne pouvez l'être.

---

(1) Les différentes sections du Conseil impérial étaient indépendantes des ministres de chaque département dont elles portaient le nom, et les ministres d'Etat, qui présidaient ces différentes sections, étaient bien plutôt les rivaux et les contrôleurs des ministres à département, que leurs défenseurs et leur appui.

Qui ne voit en effet que cette responsabilité ne peut s'étendre à des jugemens? La violation de la liberté individuelle, les malversations, les concussions, les trahisons, sont des actes personnels. Le ministre qui répond de ces actes, ne répond en cela que de son propre fait. Mais pourrait-il répondre du vice d'un jugement qui est le fait de plusieurs? Comment, devant qui prouverait-on qu'il y a eu violation? Est-ce la personne du ministre, est-ce la décision du Conseil qu'on attaquerait?

L'effet nécessaire de la condamnation d'un ministre ne serait-il pas la cassation de l'arrêt? Or, si l'arrêt est cassé par un moyen si extraordinaire de requête civile, n'est-ce pas ébranler l'autorité de la chose jugée, et bouleverser tous ses effets? Si vous rendez le ministre responsable, ne le contraignez-vous pas à quitter les hautes rênes de l'administration, pour se mêler dans les plus petites affaires des citoyens? Vous prétendez donner aux citoyens une garantie de plus. Singulière garantie! D'un ministre vous faites un juge, et d'un jugement royal un acte ministériel! Mais ne voyez-vous pas qu'en poussant les choses si loin, vous diminuez la prérogative du Souverain? Ne voyez-vous pas qu'en lui ôtant sa certitude, vous avilissez la majesté de la justice?

La responsabilité ministérielle, n'est donc, en

semblable matière, qu'un mot vide de sens et d'effet. Ce n'est point là qu'il faut chercher les garanties des citoyens. Que leur importe ici la responsabilité des Ministres? Si le tribunal est dépendant, elle est illusoire, et s'il est indépendant, ils n'en ont pas besoin.

L'expérience, la plus sûre des épreuves, justifie mes raisonnemens. Elle nous enseigne que les derniers Gouvernemens avaient mis aussi presque tous les intérêts des citoyens dans la dépendance étroite de l'administration et sous le joug de ses jugemens; que ce qu'ils pensaient faire leur force, a fait leur faiblesse; et qu'ils ont péri par où ils croyaient vivre.

En effet, il semble que notre révolution n'ait été qu'une longue et universelle conspiration du Gouvernement contre la propriété. Il a d'abord englouti les biens du clergé; ensuite, il a confisqué les biens des émigrés; puis, il a étendu ses mains sur les propriétés mobiliaires; il a créé le papier-monnaie, ruine des créanciers de l'Etat et des particuliers; il a réduit la dette publique au tiers; il a souvent exproprié les citoyens sans indemnité; il les a grévés d'impôts sous le nom d'emprunts, et d'emprunts sans remboursement; il a surchargé les communes de réquisitions; il a refusé de payer les créances légitimes qui résultaient de fournitures et d'autres prestations de toute espèce, faites à l'État en vertu de contrats synallagmatiques, obligatoires entre tous ceux qui les ont formés, sacrés chez toutes les nations. Sous quelques modifications que la propriété puisse se reproduire, elle a été accablée, épuisée, envahie. Mais aussi que sont devenus ces Gouvernemens sans loyauté, sans sagesse et sans avenir? Ils ont perdu la confiance du citoyen, avec la confiance, le crédit, avec le crédit, la force, et avec la force, l'Empire.

Si le dernier Gouvernement n'avait pas fait liquider les réclamations de tous les fournisseurs et créanciers de l'État par des Commissions occultes, temporaires, souveraines, qui travaillaient dans l'ombre, procédaient sans règle, et décidaient sans appel; s'il n'avait pas mis la raison d'État à la place de la justice, et sa volonté à la place de la loi; s'il n'avait point par des décrets furtifs, prononcé des déchéances arbitraires, et fermé, sans paiement, des liquidations déjà faites; si enfin, les décisions de toutes ces Commissions avaient pu être déférées par la voie de l'appel à un Tribunal indépendant, le despotisme aurait reculé devant la ferme impartialité de ce tribunal; nous n'aurions pas vu les richesses de la France s'écouler en dépenses extravagantes; cet or, perdu pour des conquêtes perdues, aurait alimenté les sources de notre industrie ; nous ne serions pas condamnés à gémir aujourd'hui, lorsque les plaintes de tant de créanciers dépouillés, viennent assiéger nos cœurs encore plus que nos oreilles ; nous ne serions pas forcés, par l'épuisement de nos finances, à consacrer tant d'injustices qu'il eût été si facile de ne pas commettre !

C'est donc l'histoire, la vérité de l'expérience, qui nous apprend qu'une administration arbitraire et tyrannique finit toujours par s'embarrasser et par s'enchaîner elle-même dans ses propres liens. Elle ne peut plus marcher, et la nécessité des choses, le contraint enfin à avouer que l'équité et la bonne foi, ne sont pas moins indispensables dans la manutention des affaires publiques, et dans les communications du Gouvernement avec le peuple, que dans les transactions des particuliers.

Ainsi persuadons-nous bien, que tant que le Gouvernement se fera juge et partie dans ses propres actes, les fournisseurs s'imagineront toujours voir un piége caché sous des conditions si inégales.

C'est alors que les spéculateurs seuls que enhardit leur insolvabilité, contractent avec l'État comme avec un débiteur discrédité : et d'un pareil contrat que résulte-t-il ? La négligence des services, la violation des engagemens, et la ruine des deux parties.

Ainsi, chose remarquable! les manquemens de foi engendrent le désordre des finances, et le désordre des finances engendre à son tour l'immoralité des citoyens et la corruption de la justice (1).

Sans doute il s'élève peu de murmures et de plaintes contre les décisions du Conseil d'État; je vois la justice avec l'arbitraire; mais j'aimerais mieux voir la justice avec la règle.

Sans doute un Gouvernement libre et paternel, des ministres probes, un Conseil d'Etat éclairé, sont des garanties réelles; mais elles ne suffisent pas au citoyen, parce qu'il voit toujours la main du Gouvernement levée sur lui, et parce que ces garanties corrigent, sans le détruire, le vice irrémédiable de la dépendance des juges.

Leur indépendance est la seule condition qui, à ses yeux, complète, fixe et perpétue toutes les garanties d'une bonne distribution de la justice administrative. Cette indépendance décharge les ministres de toute responsabilité légale et

---

(1) La foi publique ne peut manquer à un certain nombre de citoyens sans paraître manquer à tous. (*Esprit des lois.*)

morale; elle affermit la division des pouvoirs; elle détend tous les ressorts de l'administration; elle développe surtout et attire la confiance publique. Or, la confiance des citoyens est aujourd'hui le plus riche trésor de l'Etat. Elle lui donnera ce crédit qu'ont toujours les honnêtes gens. Elle fera sa force; elle est le plus pressant de ses besoins, et l'unique remède de ses plaies. Que ne doit-il donc pas tenter pour l'obtenir?

Encore une réflexion.

Pourquoi le Gouvernement expliquerait-il ses propres contrats? N'est-ce pas assez qu'il les ait rédigé lui-même, qu'il en ait calculé le sens, l'étendue, les accidens; qu'il en ait imposé les charges, et enfin qu'il ait pu stipuler en sa faveur des garanties spéciales?

Pourquoi appliquerait-il aussi lui-même les décrets et les actes qui règlent les matières administratives? N'est-ce donc pas encore assez qu'il les ait faits?

En compensation de tant de garanties que le Gouvernement s'est données, quelles autres garanties réclament les citoyens? Un Tribunal indépendant.

CHAPITRE XI.

De l'Inamovibilité du Tribunal administratif.

Mais la première condition de l'indépendance de ce tribunal est l'inamovibilité de ses juges.

Sans inamovibilité, il n'y a point d'indépendance, et sans indépendance, il n'y a point de bonne justice.

C'est donc dans l'intérêt des citoyens qu'il faut que les juges soient inamovibles, comme c'est dans l'intérêt de l'État qu'il faut que les administrateurs soient révocables.

Tout administrateur est l'agent de l'Autorité; mieux il obéit à ses impulsions, plus il est fidèle à son mandat. L'intérêt du Gouvernement est son intérêt; la volonté du Gouvernement est sa volonté.

Or les membres du Tribunal que je propose de créer ne sont pas des administrateurs, ils sont des juges; donc ils doivent être irrévocables.

L'amovibilité des juges, en matière contentieuse administrative, a de graves inconvéniens.

Elle expose la jurisprudence à changer continuellement.

Elle courbe les juges faibles, timides, pauvres,

sous l'opinion dominante du ministère, puisque la conservation de leurs places peut dépendre de la flexibilité de leurs complaisances.

L'opinion du ministère fait alors leur règle, et non pas la loi.

Mais est-ce que les opinions politiques du ministère devraient gouverner la délibération des juges, et l'application des lois à des intérêts privés?

Le contrat ou la loi, ou bien, dans leur insuffisance ou leur obscurité, les inspirations d'une conscience impartiale, voilà les seules règles des juges; toute autre est passionnée ou arbitraire.

L'uniformité de la jurisprudence doit-elle dépendre du renouvellement capricieux des juges? L'application des lois doit-elle changer avec le ministère? et le citoyen qui, blessé dans ses intérêts, accourt réclamer la protection de la loi, ne doit-il pas trembler lorsqu'il rencontre entre lui et elle, les passions et les faiblesses de l'homme?

C'est ici qu'il faut que je jette la plume, ou que je dise la vérité. Mais disons-la, puisqu'elle est utile, et allons au but.

On ne sait peut-être pas assez que les matières soumises à ce Tribunal représenté aujourd'hui par le Comité du contentieux, ont la plus haute importance, si on les considère sous le point de vue politique.

C'est lui qui prononce sur toutes les questions relatives aux ventes de biens nationaux. Les acquéreurs, cette portion immense des français, les yeux sans cesse attachés sur ce Tribunal, règlent sur ses décisions, leurs espérances ou leurs craintes. La moindre atteinte portée à leurs droits consacrés par la Charte et par la volonté du Monarque, se ferait à l'instant ressentir dans toute la France, répandrait l'alarme dans les familles, et remuerait les passions les plus dangereuses.

C'est ainsi encore que l'admission des créances les plus légitimes en elles-mêmes, mais frappées de déchéance, ou anéanties par la chose jugée, ou proscrites par les lois quelqu'iniques et monstrueuses qu'elles soient, qui ont fermé leur liquidation, épuiserait en peu de temps les sources déjà si languissantes de la fortune publique, et comme on l'a si énergiquement dit, enterrerait la Monarchie sous les décombres des finances.

Maintenant concevez des juges amovibles, concevez un Ministre ennemi des intérêts nouveaux. Que va-t-il faire? Il va reléguer, dans le service extraordinaire, les membres du Comité du contentieux qui auront eu le courage de préférer leurs devoirs à leur place; il va faire asseoir à ce Comité des juges passionnés comme lui; il va faire plier sous son influence et sous les menaces d'une destitution, les hommes d'un caractère timide : il va bouleverser toute la législation.

Que servira-t-il ensuite d'invoquer, et les garanties de la Charte, et la volonté du Roi, et l'autorité de la chose jugée ? La confiance des citoyens se sera évanouie, et le mal sera peut-être irréparable.

Concevez maintenant un Ministre secrètement attaché aux principes de la révolution, qui condamne les réclamations les plus légitimes des anciens émigrés, qui fiscal à l'excès, repousse les créances les plus justes et les plus admissibles, et qui ainsi, d'un côté envenime les réconciliations si nécessaires à la tranquillité publique, et de l'autre tue le crédit qui ne vit point sans justice.

Le mal serait le même, et les citoyens seraient également sans confiance, parce qu'ils seraient également sans sécurité.

Qu'on y prenne garde. L'inamovibilité des juges n'est point instituée dans leur intérêt, mais dans celui des citoyens. Elle affranchirait de toute influence les membres du Tribunal administratif, et, arrachant de leur cœur toute crainte et toute ambition, les rendrait impassibles comme la loi. Car c'est véritablement le propre effet de l'inamovibilité d'assoupir les passions, et de rendre modérés les hommes qui ne le seraient pas.

L'exagération des principes n'est souvent qu'une inquiétude de position.

On prend d'ailleurs l'esprit des Commissions, et c'est l'esprit des juges qu'il faut : des Commissaires sont les hommes du Gouvernement ; des Juges sont les hommes de la justice.

Les membres de ce Tribunal inamovible ne seraient plus distraits alors de leurs importans travaux, et pourraient consacrer leur vie entière à l'étude des lois administratives, qui n'exige pas moins de temps, de méditations et d'exercices, que l'étude des lois civiles.

Autre avantage de l'inamovibilité : elle avertirait les Ministres de ne point laisser surprendre leur religion, de peur que leurs décisions injustes et précipitées ne fussent déférées par les parties lésées à la révision de ce Tribunal.

Enfin, elle offrirait aux citoyens des protecteurs aussi sûrs, aussi indépendans, aussi éclairés que les tribunaux ordinaires.

Je dirai aux partisans du Conseil impérial qui ne veulent point de l'inamovibilité, qu'ils nous rendent du moins un Conseil formé de Comités indépendans et jaloux du Ministère, ses surveillans, ses contrôleurs. Mais alors comment accommoderaient-ils l'existence d'un pareil Conseil avec le principe si cher au Gouvernement représentatif de la responsabilité ministérielle.

Je dirai aux partisans du Conseil Royal qui ne veulent point de l'inamovibilité, qu'ils nous rendent du moins cette ancienne inamovibilité de fait et de fortune, bien autrement favorable à la liberté des citoyens, que l'inamovibilité salariée et de droit, que je propose.

Enfin n'oublions pas que la profonde sagesse du Roi a reconnu elle-même la nécessité et les avantages de l'inamovibilité, lorsqu'elle a conféré l'institution aux membres de la Cour de Cassation. « Toute justice émane du Roi, dit Sa Majesté, » dans l'ordonnance du 15 février 1815; mais » nous en déléguons l'exercice à des juges dont la » nomination nous est exclusivement réservée, et » auxquels l'irrévocabilité que notre institution » leur imprime, assure cette indépendance d'opi- » nion, qui les élève au-dessus de toutes les craintes, » comme de toutes les espérances, et leur permet » de n'écouter jamais d'autre voix que celle du » devoir et de la conscience. »

Que pourrais-je ajouter, après ces paroles royales, en faveur de l'inamovibilité?

CHAPITRE XII.

Est-il nécessaire que le Roi sanctionne les Jugemens rendus par le Tribunal administratif?

L'INAMOVIBILITÉ elle-même serait illusoire, ou ce qui serait la même chose, elle ne garantirait que les juges, si le Roi n'en complétait le bienfait, en s'abstenant de sanctionner par sa signature les arrêts du Tribunal administratif.

Cette question paraît d'abord délicate à toucher; et ne serais-je pas en effet contraire à moi-même si, après avoir cherché à fortifier l'autorité du Roi, en développant les avantages de l'existence d'un Conseil d'État comme Conseil, je cherchais maintenant à l'affaiblir par une concession de cette nature?

Mais c'est que je place plus haut la prérogative royale. Ce n'est point assurément dans la signature du Roi, apposée à un bordereau d'ordonnances, que réside cette prérogative. L'État ne sera pas bouleversé, parce que le Roi aura délégué à un tribunal administratif le plein exercice de son pouvoir pour prononcer entre deux particuliers. Au contraire, ses sujets le remercieront de ce qu'il leur aura donné des juges indépendans et équitables, ne pouvant les juger lui-même. Car si sa main royale, comme aux temps anciens, dispensait elle-même la justice, qui n'en bénirait le bienfait, qui ne se courberait avec joie devant l'équité de ses souveraines décisions? Mais une nation si nombreuse ne peut quitter ses champs et ses villes, pour venir puiser aux sources mêmes de la justice. Il faut donc que le Souverain la lui envoie, et les devoirs, les droits de la royauté lui prescrivent de remettre sa distribution à des juges auxquels il faut qu'il communique, pour les rendre indépendans comme lui, la plénitude de son pouvoir.

Si le Roi, de qui émane toute justice, et qui, dans sa Charte immortelle, a proclamé l'indépendance de l'autorité judiciaire, avait voulu alors se réserver la faculté de ratifier et de signer les arrêts des tribunaux, qui doute qu'il ne l'aurait pu? S'il pouvait se la réserver, pourquoi ne l'a-t-il pas fait? C'est que, pouvant confirmer ces arrêts, il pouvait par conséquent les rejeter, et qu'il a craint que sa religion, faute d'être suffisamment éclairée, ne fût exposée à de continuelles surprises; que les juges, moins indépendans, ne fussent moins respectés, et que le bienfait de la justice civile ne fût moins précieux, moins complet, moins rapide. Pourquoi n'en serait-il pas de même de la justice administrative? Et peut-on dire que le Roi la distribue lui-même et réellement, lorsqu'il se contente de signer en masse les extraits des arrêts que le Conseil d'État a délibérés?

C'est donc moins un jugement qu'il prononce, qu'un jugement qu'il solennise; mais parce que le Roi parle directement dans le Conseil d'État, et indirectement dans les tribunaux, les arrêts de ses tribunaux ont-ils moins de solennité que les ordonnances de son Conseil? N'est-ce donc pas toujours son nom sacré que porte la justice, sous quelque face qu'elle se manifeste aux citoyens(1)?

Remarquons encore que le délai qui s'écoule, entre l'arrêt du tribunal et l'apposition de la signature du Roi, serait inutilement perdu pour les parties. Or on sait qu'en matière administrative, les pertes de temps ont des inconvéniens beaucoup plus graves qu'en matière civile, quelquefois irréparables. L'affranchissement de cette formalité accélérerait donc singulièrement la distribution de la justice, de ce bien qu'on ne saurait trop tôt se hâter de répandre.

On demandera peut-être s'il y a quelques

---

(1) Le Roi ne signait pas les arrêts du Conseil des parties. Avaient-ils pour cela moins de solennité et de force que les décisions du Conseil actuel?

exemples que le Roi ait refusé de signer une décision du Conseil? Non. Mais qu'est-ce que cela prouve?

Cela prouve d'abord sans réplique, que jamais la puissance royale n'a eu besoin d'intervenir pour réparer la lésion des intérêts généraux de l'Etat : et comment se fait-il que ces intérêts généraux ne puissent jamais être lésés par les décisions du Conseil? Je l'ai déjà dit : c'est que ces décisions ne prononcent jamais par voie réglementaire, mais par voie de jugement sur des cas particuliers.

Cela prouve ensuite que le Roi ne veut point gêner les citoyens en s'immisçant dans leurs débats. Mais parce que la prudente sagesse du Roi, n'a point voulu jusqu'ici faire usage de la faculté, s'en suit-il qu'il se soit dépouillé du droit? Et n'est-il pas vrai qu'il peut aujourd'hui rejeter les décisions du Conseil, sans discussion, et par le seul mouvement de sa volonté suprême?

Dans ces termes, un Tribunal administratif quelle que soit sa constitution, quand vous le sépareriez du Conseil d'Etat, quand vous conféreriez l'irrévocabilité à la personne de ses juges, ne sera véritablement pas un tribunal indépendant, mais un simple Conseil. Il ne décidera point, mais il proposera. Sans la signature du Roi, ses décisions ou plutôt ses avis, n'auront ni existence, ni force, ni exécution.

Or, maintenant je suppose (ce qui peut arriver un jour) je suppose qu'un Ministre, oublieux de ses devoirs, prenne une décision sur un cas particulier, que les parties lésées attaquent cette décision devant le Tribunal administratif, et qu'elle y soit annullée; alors le Ministre, juge dans sa propre cause, emporté par la passion, le caprice, l'orgueil ou l'intérêt, ne peut-il pas aller trouver le Prince, dénaturer les faits, inventer des prétextes, et lui arracher la cassation d'un jugement équitable? C'est le propre de la confiance de s'alarmer presqu'autant des dangers éventuels que des dangers arrivés.

Enfin, en bonne justice, la fiction ne peut remplacer la réalité. Le Roi, sans cesse occupé à diriger le Gouvernement de son vaste Empire, ne préside jamais et ne peut présider le Tribunal administratif; le Roi ne lit jamais et ne peut lire les pièces volumineuses de chaque affaire; le Roi n'écoute jamais et ne peut écouter les parties : ou plutôt je me trompe, il écoute l'une d'elles qui n'est pas le citoyen.

Il n'est donc pas téméraire de penser, il est donc permis de dire que le Roi en se dépouillant d'une solennité, inutile lorsqu'elle n'est point dangereuse, enrichirait la justice, multiplierait les garanties de la liberté civile, et se secourerait contre lui-même.

CHAPITRE XIII.

Des Garanties nouvelles que l'Etat doit trouver près le Tribunal administratif.

J'AI trouvé les garanties des citoyens, cherchons celles de l'Etat.

Comme l'Etat est souvent partie dans les affaires contentieuses soumises au Tribunal administratif, la défense de ses intérêts a toujours été la première sollicitude du législateur.

Il faut y pourvoir :

1° En donnant aux causes introduites ou défendues par le Domaine ou par les autres Administrations publiques, la préférence d'expédition, si leurs agens le requièrent ;

2° En plaçant auprès de ce Tribunal un procureur général ou commissaire du Roi, chargé spécialement de défendre les intérêts de l'Etat. Le Roi, par l'intermédiaire de son procureur, assisterait pour ainsi dire, en personne, aux délibérations du Tribunal administratif, et lui rappelerait ainsi par cette sorte de présence, qu'il est institué pour tenir la balance égale entre l'Etat et les particuliers.

Ce commissaire suppléerait aux défenses insuffisantes des Ministres et des Administrations générales, et surveillerait l'exécution du Réglement; il requerrait le renvoi des causes, soit devant les tribunaux ordinaires, lorsqu'il s'agirait de questions de propriété, soit devant le Conseil d'en haut ou de cabinet, dans les cas d'évocation définis par la loi. Il serait l'œil du Gouvernement, œil sans cesse ouvert sur les entreprises du Tribunal administratif.

5° En faisant présider ce Tribunal par le Ministre de la Justice.

Sa présidence aurait d'abord l'avantage de faire réjaillir sur ce tribunal plus de considération et plus d'éclat. Elle serait d'ailleurs sans inconvénient, puisqu'il est le seul de tous les Ministres qui ne rende pas de décisions en matière contentieuse, et qui par conséquent ne soit pas exposé à paraître comme partie, devant le tribunal où il serait assis comme juge.

Elle n'offenserait pas l'égalité des rangs et l'amour-propre des autres Ministres traduits devant leur collégue, parce qu'il serait placé à la tête de ce Tribunal, bien plus pour être le défenseur que le contrôleur de leurs actes.

Elle faciliterait, de Ministre à Ministre, d'Administrateur à Administrateur, la communication des pièces et renseignemens déposés dans les bureaux de chaque Ministère.

Enfin le Ministre de la Justice, par sa présence,

son rang, son autorité, sans nuire à la pleine indépendance des délibérations, empêcherait néanmoins que le Tribunal ne prononçât jamais par voie de disposition générale et réglementaire, ou n'introduisît une jurisprudence contraire aux légitimes intérêts de l'Etat, et par sa surveillance éclairée, active, continue, renfermerait les juges dans les bornes du devoir, et dans la stricte application des lois existantes (1).

Ces trois garanties que je propose sont nouvelles. Elles soignent et protégent, même surabondamment, les intérêts de l'Etat et les besoins de l'administration, et elles préviennent et corrigent les légers inconvéniens qui pourraient résulter, dans ces matières, de l'indépendance trop absolue des juges.

Enfin pour rassurer pleinement les Ministres

---

(1) La présidence de la Cour de cassation par un ministre amovible, n'altère point l'indépendance des délibérations et des votes. C'est que son influence ne peut rien sur un corps inamovible, nombreux et libre de toute ambition. Cette influence a encore moins d'effet sur un Tribunal administratif que présiderait habituellement le ministre, dépouillé alors de cet éclat et de cette pompe d'autorité qu'il déploie devant la Cour de cassation, lorsqu'il vient y représenter le Prince.

Le Ministre de la justice pourrait aussi confier avec avantage au Sous-Secrétaire d'Etat, qui est son substitut, la présidence du Tribunal administratif.

sur les effets de cette indépendance, ne serait-il pas possible de remettre en vigueur les dispositions de l'art. 7 de l'ordonnance royale du 29 juin 1814 sur l'organisation du Conseil d'Etat? Cet article porte: « Nous pourrons évoquer au Conseil d'en haut (1) les affaires du contentieux de l'administration qui se lieraient à des vues d'intérêt général.

Il faudrait alors que la loi limitât avec précision les cas d'évocation, de peur de tomber dans l'arbitraire. Cette évocation est, à mon avis, une précaution surabondante. C'est une concession faite à des craintes chimériques plutôt qu'à la nécessité. Mais je n'ai pas voulu laisser prise à la moindre objection.

Les bases fondamentales sont posées; il s'agirait maintenant d'organiser le nouveau tribunal et de le faire marcher. Ses attributions, sa forme, sa procédure, le choix de ses avocats, la composition de ses membres, feraient la matière d'un long traité; mais mon sujet veut que je considère ces choses sous des rapports plus généraux.

C'est à la sagesse des membres du Conseil actuel à indiquer, dans ces différens points, les améliorations et les changemens que l'expérience et l'intérêt bien entendu de l'Etat peuvent suggérer.

---

(1) Aujourd'hui Conseil du Cabinet.

Je dirai seulement sur la marche et le développement des instances, qu'il serait bon de suivre les dispositions du règlement du 22 juillet 1806, tirées elles-mêmes du réglement de 1738 et du code de procédure civile.

Si l'État obtenait la préférence d'expédition dans les affaires où il est intéressé, et s'il était défendu par un Commissaire du Roi, il serait nécessaire de combiner avec ces nouveaux rapports les dispositions du réglement du 22 juillet 1806. En général, les bases en sont sages, et l'expérience a prouvé qu'il convient et suffit à-peu-près pour l'instruction complète des affaires de ce genre (1).

Il n'est personne qui ne sente et ne reconnaisse que les matières administratives, à cause de leur urgence, de la nature des principes politiques qui quelquefois les régissent, et des

---

(1) Il est inutile de dire que le mode de procéder devant les Tribunaux, ayant été tracé par un Code spécial (celui de Procédure civile), le mode de procéder devant le Tribunal administratif, doit être également organisé par une loi; car autrement les caprices de la jurisprudence changeraient la procédure établie par un simple décret, que le Gouvernement peut, après tout, rapporter et modifier comme et quand il lui plaît.

égards dûs aux Ministres du Roi, ne sauraient être exposées aux lenteurs des audiences publiques et à la licence des plaidoiries.

L'instruction contradictoire et complète par voie d'écritures communiquées et répondues, l'exposition développée des faits, des moyens, des conclusions de chaque partie, la lecture souvent réitérée des pièces faite devant le tribunal, leur examen et leur comparaison, et enfin la délibération qui suit le rapport, garantissent suffisamment les intérêts des citoyens. Doute-t-on qu'ils ne trouvent de grands avantages dans une procédure peu embarrassée de formes, dans la modération des frais, et dans la promptitude des jugemens? Tout ceci compense à leurs yeux les bénéfices de la publicité.

Peut-être même serait-il à desirer que l'instruction fût encore plus rapide en quelques matières, et il ne faudrait pour cela qu'observer rigoureusement la prescription des délais. Un peu de vigilance et de fermeté surmonterait bientôt la négligence des avocats et des bureaux. Montesquieu a pu vanter les salutaires lenteurs des tribunaux; mais n'oublions pas que la célérité dans la distribution de la justice administrative est le premier de ses bienfaits.

Il faudrait aussi que le collége des avocats à la Cour de cassation et au Conseil, fût chargé d'instruire la procédure et de défendre les parties auprès du nouveau Tribunal administratif. Mais ce corps est trop nombreux. Je ne dis pas cela dans l'intérêt des avocats, mais dans l'intérêt des citoyens. Car il en est des avocats comme des tribunaux; plus ils sont nombreux, plus les procès se multiplient.

Il serait bon d'attribuer à ces avocats la faculté de défendre exclusivement les parties dans les affaires contentieuses soumises à la décision des Ministres.

L'instruction de ces sortes d'affaires se ferait d'une manière plus claire, plus méthodique, plus complète, plus rapide : premier avantage pour les particuliers et pour le Gouvernement.

Autre avantage : les avocats offrent aux citoyens des garanties de leur savoir, dans leur titre même d'avocat; de leur intégrité, dans la considération publique dont ils jouissent; de leur exactitude, dans la surveillance habituelle d'un Conseil de discipline; et de leur solvabilité même dans leur cautionnement et dans la valeur de leurs charges. Ils remplaceraient cette foule d'agences et d'agens qui entreprennent toutes les affaires à forfait, au rabais, et à toutes conditions, qui ne présentent aux parties aucunes sûretés, qui assiégent les bureaux, corrompent les employés, compliquent et éternisent, pour leur profit, les réclamations les plus simples, rançonnent les habitans des provinces, et leur rendent l'administration de Paris odieuse et méprisable.

Enfin les citoyens, les Ministres et l'Etat même, n'obtiendraient-ils pas une dernière et bien précieuse garantie, si les différens Comités non-seulement discutaient les projets de lois, les ordonnances, les réglemens, et les délibéraient ensuite dans les assemblées du Conseil d'Etat, mais encore s'ils préparaient exclusivement, dans chaque ministère, l'instruction de toutes les affaires contentieuses, par des avis qu'ils soumettraient à la libre adoption des ministres, et que sans doute ceux-ci convertiraient presque toujours en décisions.

Cet examen préparatoire fait par chaque Comité, outre qu'il soulagerait les Ministres, aurait encore pour eux cet avantage, qu'ils ne seraient plus exposés à voir leur sagesse surprise par les bureaux, et que leurs décisions, plus régulières et mieux motivées, seraient moins souvent annullées, sur appel, par le Tribunal administratif.

Les citoyens y trouveraient aussi cet inappréciable avantage, que leurs droits seraient discutés, dans chaque Ministère, avec la plus grande connaissance de cause, par des magistrats pleins d'amour de la justice, d'expérience, de lumières et d'intégrité.

De cette sorte, les affaires subiraient, dans tous les cas, un premier degré de juridiction, soit qu'elles parvinssent au Tribunal d'appel administratif, par la voie des Conseils de préfecture, soit qu'elles y arrivassent par la voie des Administrations générales et des Ministères. Cette proposition particulière se lie inséparablement à ma proposition générale, la régularise, la perfectionne et la complète.

Le nom du Tribunal, le rang des juges, leur nombre, leur qualité, la forme des délibérations, la rédaction des arrêts, la discipline intérieure, ne sont que des dispositions d'exécution, de convenance, de forme, et d'un intérêt trop secondaire, pour qui traite le fond des choses. Je dirai seulement qu'il faut faire attention pour la composition des juges à la variété des affaires contentieuses qui, de tous les ministères et de toutes les administrations, affluent vers ce Tribunal unique et central, par la voie d'appel.

Ainsi des personnes exercées aux affaires contentieuses de la marine et de la guerre, seconderaient puissamment le Tribunal dans l'examen de toutes les contestations relatives au service des vivres, approvisionnemens, marchés, redditions de compte, etc.

D'autres versées dans les matières de commerce et de finance, développeraient les principes qui régissent les affaires de ce genre.

D'autres qui, dans les emplois de Préfets, auraient gouverné l'administration intérieure, et qui y auraient appris ce que la différence des localités, la puissance des habitudes et des usages, et les difficultés de l'exécution doivent apporter de modifications aux règles, sauraient en diriger l'application aux diverses espèces avec plus d'utilité.

Enfin, des Magistrats viendraient, au milieu des incertitudes de la législation administrative, apporter le poids de leur doctrine, séparer par des distinctions claires, ce qui est de la compétence de l'administration, de ce qui appartient aux tribunaux, et rappeler dans le silence de la loi, ou dans l'obscurité des questions proposées, les principes éternels de la justice distributive, et ces axiomes du droit civil, si féconds et si éprouvés, qui corrigent l'arbitraire et conduisent à des solutions équitables.

C'est ainsi que les lumières différentes de chacun, rassemblées dans le même foyer, éclaireraient l'ensemble et les détails de chaque affaire; que les connaissances spéciales de chaque membre, échangées avec celles de ses collègues par des communications fréquentes et intimes, deviendraient bientôt les connaissances de tous, et qu'enfin les citoyens trouveraient dans cette habile composition du Tribunal, une garantie de plus de la gravité de ses délibérations, et de la sagesse de ses jugemens.

En résumé, que veut l'Etat dans les matières contentieuses, et que faut-il aux citoyens? Un tribunal régulier, des juges inamovibles, des lois claires, une procédure abrégée, peu de frais, et de prompts jugemens.

Alors la juridiction administrative perdrait le caractère toujours peu rassurant de juridiction exceptionnelle; car l'exception ne vient pas de ce que la matière des jugemens est différente, mais de ce que les garanties ordinaires sont ôtées aux jugemens.

Enfin, une juridiction qui gouverne tant et de si graves intérêts, veut qu'une loi fixe le principe, les attributions et l'organisation du nouveau Tribunal (1). Les institutions fondées sur

---

(1) Aujourd'hui les Tribunaux ordinaires trouvent les gages immuables de leur existence et de leur indépendance dans les paroles de la Charte royale, dans la protection des Chambres et dans l'inamovibilité. A la vérité ces garanties sont nouvelles, et leurs bienfaits ne se sont pas encore entièrement développés. Mais à mesure que notre régime constitutionnel se fortifiera, les Tribunaux sentiront mieux leur propre dignité, et l'estime des citoyens qui s'attache volontiers à tout ce qui les protége, et à tout ce qui est fixe, les honorera de plus en plus. Sans doute notre législation est encore imparfaite en ce qui concerne la

une loi ont d'abord, en naissant, ces quatre avantages, la maturité, la publicité, la stabilité, la facilité d'obéissance et d'exécution.

---

liberté des personnes et la liberté de la presse. Il est besoin, sous ce rapport, que le Code de nos lois criminelles soit refondu ou du moins révisé; il est besoin aussi que l'institution du jury s'introduise sans secousse dans nos mœurs, s'approprie aux formes de notre législation, et garantisse nos nouvelles libertés. Si cette législation, en ce qui touche les lois criminelles et la liberté des personnes, nous paraît encore si vicieuse et si peu d'accord avec les formes et l'essence du Gouvernement représentatif, c'est que ces choses participent toujours plus ou moins de la nature du principe politique de chaque Gouvernement, et que le principe du Gouvernement sous lequel on les a réglées, était despotique. Il n'en est pas de même des droits de propriété et de ceux des personnes considérés dans leurs rapports avec la famille et la société civile. Il arrive rarement que le principe politique se mêle dans ces choses là et les gouverne. Il n'est pas d'ailleurs inutile de remarquer que notre Code a été fait sous le régime assez doux, assez libre du Consulat. Aussi notre législation et nos tribunaux se trouvent aujourd'hui, sous ces derniers rapports, dans une harmonie parfaite avec nos intérêts, nos mœurs, nos besoins de famille, nos droits civils, nos libertés constitutionnelles. C'est sous les mêmes rapports, dans le même intérêt et dans des matières à-peu-près semblables, que nous réclamons pour le Tribunal administratif à-peu-près les mêmes règles et les mêmes garanties.

Je crois avoir suffisamment développé les avantages de ma proposition.

Toutefois, si l'on insistait encore à vouloir que cette proposition eût le danger d'innover, d'affaiblir l'autorité royale et de gêner la marche du Gouvernement, je croirais devoir encore insister à mon tour, et je répondrais en dernière analyse :

Sur la première objection,

Que, dans les Monarchies absolues, la réforme d'un abus est souvent pire que l'abus même; car il y a, sous cette espèce de Gouvernement, autant d'arbitraire dans le remède que dans le mal, et l'arbitraire n'a point de limites.

Mais que le propre des Gouvernemens représentatifs est d'avoir la loi pour règle; que si l'on s'écarte de la loi, c'est alors véritablement qu'on innove; que si l'on s'en rapproche, c'est alors véritablement qu'on est dans la règle.

Sur la deuxième objection,

Que la puissance royale s'augmente en s'affermissant, et qu'elle s'affermit principalement par la confiance des citoyens; que, dans la Monarchie constitutionnelle, si l'un des Pouvoirs commence par sortir de ses limites, on l'attaque d'abord dans ce qu'il a d'irrégulier; puis on va bientôt plus loin, et on le force enfin dans l'enceinte de ses prérogatives réelles; qu'ainsi chaque Pouvoir a donc intérêt à se retrancher dans les limites que la Constitution lui a fixées, parce qu'il y est inviolable.

Sur la troisième objection,

Que la création d'un tribunal inamovible et indépendant, en matière administrative (1), est selon l'esprit, les besoins et les intérêts du Gouvernement représentatif, et ne gêne en rien sa marche.

C'est ce que je viens de démontrer dans la théorie; c'est aussi ce que je vais démontrer dans l'application.

Parcourons rapidement, dans ce dessein, les principales matières qui sont soumises actuellement au Conseil d'État; ce sont :

Les Marchés de fournitures et entreprises de travaux publics; les Conflits; les Matières de biens nationaux et d'émigration, de voirie, de biens communaux; les Mises en jugement; les Prises; l'Interprétation des lois.

---

(1) On conçoit aussi que la Chambre des Pairs ait pu être constituée en Cour judiciaire pour prononcer sur les hautes matières criminelles, parce qu'elle ne fait pas alors, à proprement parler, fonction de juge, mais de juré. Il est certain au contraire qu'elle jugerait mal des questions de propriété et d'intérêts privés. C'est dans ce sens que j'ai dit à la page 99, que les différens Comités du Conseil, quoique individuellement composés des hommes les plus habiles et les plus versés dans les matières de chaque département ministériel, n'offrent peut-être pas dans leur réunion en assemblée générale, les élémens d'une délibération assez éclairée des affaires de droit spécial que le Comité du contentieux vient soumettre à leur décision.

CHAPITRE XIV.

Des Marchés de fournitures et Entreprises de travaux publics.

La législation qui gouverne les marchés de fournitures et les entreprises de travaux publics est aussi obscure qu'incomplète. Chaque ministère s'est fait une jurisprudence intérieure et secrète qu'il applique à son gré. On a toujours, dans cette matière, prétexté la raison d'État; mais la raison d'Etat, cette vaine raison, n'abuse point ceux qui percent le fond des choses.

Les Bureaux qui rédigent les marchés, n'aperçoivent dans l'Etat, avec leur vue étroite, que leur ministère, ne veulent reconnaître, ne veulent augmenter, ne veulent défendre que les attributions, le pouvoir, les prérogatives et les intérêts de leur ministère, et ne trouvent rien de plus commode et de meilleur que d'être à-la-fois juge et partie. C'est dans les bureaux que se font les marchés; c'est là qu'ils s'exécutent, là qu'ils se poursuivent, là qu'ils se transigent, là qu'ils se jugent. La législation bureaucratique, si pleine d'erreurs, de ténèbres, de contrariétés, de lenteurs, d'arbitraire, d'injustice, de corruption, enfin la pire de toutes, est celle qui n'a que trop souvent réglé les marchés des Ministres. Qu'on s'étonne après cela que les fournisseurs demandent d'autres juges !

Si nous voulons arriver au but, il faut marcher dans des voies plus droites.

Le problême à résoudre, en cette matière, est de concilier l'intérêt de l'Etat avec l'intérêt des fournisseurs.

Si l'Etat avait trop peu de garanties, il verrait les services compromis et le trésor ruiné ; s'il les avait toutes, il verrait le crédit s'éloigner avec la confiance des citoyens.

Cherchons donc, avant tout, les garanties de l'Etat.

Les besoins les plus urgens de l'administration pourraient se multiplier, et quelquefois la sûreté même de l'Etat pourrait tomber en péril par les refus ou les lenteurs que les fournisseurs apporteraient à l'exécution de leurs marchés. De tels maux veulent de prompts remèdes. Si une armée est mise en mouvement, et qu'il faille l'approvisionner pour assurer la rapidité de ses opérations ; s'il arrive que l'ennemi envahisse notre territoire, et qu'il faille le nourrir par la voie des marchés, pour épargner au peuple les réquisitions, les pillages et les violences de toute espèce; s'il s'agit de réparer une route ou un canal dégradés, pour rétablir la liberté des communications; si la famine menace une grande ville ou une province; dans toutes ces circonstances graves, la loi de la nécessité doit seule être obéie. Le pressant motif du salut public ou de l'intérêt général doit faire fléchir devant lui tous les motifs secondaires, tous les intérêts individuels, toutes les règles de la justice distributive ordinaire.

Comme le retard d'un seul jour peut quelquefois amener des maux irréparables, il faut que le Ministre ait la pleine faculté de contraindre le fournisseur, par toutes les voies possibles de coercition, à exécuter son marché. Il faut qu'il puisse seul trancher, provisoirement et sans opposition, toutes les difficultés qui s'éleveraient sur le temps, le lieu, le mode, la qualité, le prix des fournitures, et sur le paiement des à-comptes. Dans ces cas, le Contentieux même est tellement lié et subordonné aux besoins de l'administration, que la puissance d'exécution doit l'emporter, et entraîner la juridiction contentieuse dans la rapide nécessité de sa marche.

Cherchons maintenant les garanties des fournisseurs.

Lorsque le marché a été résilié faute d'exécution totale ou partielle, ou lorsque cette exécution est entièrement consommée, et qu'ainsi il n'y a plus interruption de service, péril imminent ou dommage pour la chose publique, alors il conviendrait qu'un Tribunal administratif, indépendant du Ministre, prononçât en définitif sur la liquidation des comptes, sur l'application des prix, sur la valeur des fournitures ou travaux, sur les demandes en dommages et intérêts, en réduction de prix, en indemnités, enfin sur toutes les questions litigieuses qui ressortent du marché.

Le Ministre a décidé provisoirement, en première instance, avec une pleine liberté, et fait exécuter ses décisions, sans obstacle, dans le seul intérêt de l'Etat.

Il faut que le Tribunal administratif examine à son tour ces décisions, en appel, avec la même liberté, dans l'intérêt de l'État, comme dans celui des fournisseurs.

En résultat, toutes les entreprises et marchés de travaux et de fournitures consommés se résolvent, à l'égard de l'État, en cette question ci : Que redoit l'État à l'entrepreneur ? ou, Que redoit l'entrepreneur à l'État ?

Il est évident que rien n'est plus contentieux que la matière d'une pareille question. Il n'est pas moins évident que quand la loi de la nécessité, qui est l'exception, finit, la loi de la justice, qui est la règle, doit reprendre sa force.

Or, la règle veut que le Ministre ne soit pas en définitif juge et partie. Cependant, est-il exact de dire que le Ministre n'est pas juge et partie, tant que l'appel de sa décision restera soumis à un Conseil d'État dépendant du Gouvernement?

Mais, dira-t-on, quelles garanties suffisent donc au Ministre?

Il lui suffit de stipuler dans ses marchés que, jusqu'à résiliation ou jusqu'à exécution consommée, il sera le seul juge provisoire, tant de tous les cas de simple exécution, que de tous les cas de nature contentieuse. Le fournisseur qui aurait accepté cette clause ne pourrait s'en plaindre, et l'intérêt de l'État serait alors, dans toutes les occurrences, mis pleinement à couvert.

Appliquons ce système aux différens cas:

Quand c'est le Ministre qui a passé le marché, il peut s'élever, à l'occasion de ce marché, des difficultés de pure exécution et des difficultés de nature contentieuse.

En premier lieu, le Ministre devrait seul lever, par ses décisions personnelles, tous les obstacles de l'exécution.

En second lieu, il ferait bien de laisser au Comité du conseil placé près de lui le soin de préparer, hors les cas d'urgence, et sauf son approbation, toutes ses décisions sur les points litigieux.

Un Comité composé de magistrats dont le savoir et l'intégrité sont garantis par une longue possession de l'estime publique, éclairerait l'opinion du Ministre, et soulagerait sa responsabilité morale, tandis qu'il est trop vrai que l'intérêt de l'État a souvent péri au sein des Bureaux, sous les attaques de la corruption, et dans des transactions ténébreuses.

Après la pleine consommation du marché, le recours serait ouvert aux fournisseurs devant le Tribunal administratif, contre ces décisions exécutoires sans opposition, et nonobstant l'appel.

Quand c'est un préfet ou une administration générale qui passent un marché de fournitures ou de travaux publics, il faut pareillement distinguer :

S'il y a urgence, le préfet ou le directeur général devraient seuls et par eux-mêmes, trancher, avec la même étendue de pouvoir que les Ministres, les difficultés de pure exécution, et devraient connaître, le prefet, en Conseil de préfecture, le directeur général, en Conseil d'administration, des difficultés de nature contentieuse, jusqu'à résiliation du marché.

S'il n'y a point urgence, les décisions des préfets et des directeurs généraux prises, soit par eux seuls, soit avec l'assistance des conseils de préfecture et des conseils d'administration, pourraient n'être exécutoires qu'après l'approbation du Ministre.

Mais dans tous les cas il faudrait, pour assurer pleinement la rapidité et la liberté des opérations, que ce fût l'administration exécutive seule qui prononçât, sauf recours, comme je l'ai dit, au Tribunal supérieur.

C'est devant ce Tribunal indépendant, placé au centre du Gouvernement, que les Ministres ou les Administrations générales qui ont rédigé ou approuvé les conditions du marché, et qui sont placés également au centre, pourraient, sur l'appel de leurs décisions portant refus de solder les fournitures ou d'accorder des réductions et indemnités, contredire les prétentions des traitans, et produire par les voies régulières, leurs pleines et libres défenses.

Cette doctrine est fondée sur la vieille règle d'équité, qu'on ne peut en définitif être à-la-fois juge et partie dans sa propre cause; elle est fondée aussi sur les véritables intérêts de l'Etat; elle est fondée enfin sur la profonde conviction que le Gouvernement voudra garder la fidélité de ses engagemens.

Sans doute il peut être commode pour l'administration de juger ses propres actes. Mais c'est la maxime des Gouvernemens arbitraires qui se jouent d'eux-mêmes, et qui tentent sans cesse d'échapper à la foi de leurs propres contrats. On sait où mènent ces tristes maximes!

C'est une bien futile objection de dire: le Gouvernement est le libre maître d'imposer les conditions qu'il lui plaît; si le fournisseur les trouve dures, pourquoi les accepte-il? et s'il les accepte, pourquoi ne les remplirait-il pas?

Je répondrai d'abord, qu'il ne les enfreindra

point ouvertement, mais qu'il les éludera, ce qui est la même chose.

Je répondrai ensuite qu'un Gouvernement perd autant que les citoyens à s'éloigner de la justice, et qu'on trompe ses ruses comme sa violence.

Il faut sans doute qu'il ait des garanties suffisantes. Il ne faut pas que, dans son intérêt même, il en ait d'exhorbitantes. Car voici alors ce qui arrive.

Des spéculateurs sans foi et sans solvabilité acceptent les prix du Gouvernement, et n'ayant pas assez de forces pécuniaires pour soutenir le marché, ils font des fournitures de mauvaise qualité, ou ils laissent périr l'entreprise; ce qui engendre des lenteurs dans les travaux, des désordres dans les services, des procès ruineux pour l'Etat dans leur issue, quelle qu'elle soit.

Ou ces mêmes spéculateurs stipulent des prix très-élevés pour s'indemniser d'avance, non-seulement des pertes éventuelles de la liquidation, mais même des périls imaginaires qu'ils redoutent d'une autorité à-la-fois juge et partie.

Il arrive, dans les deux cas, que l'Etat fait des marchés, mauvais dans leur exécution, ruineux dans leur paiement, précisément parce qu'il ne les fait pas avec des gens honnêtes et solvables; et pourquoi les gens honnêtes et solvables ne contractent - ils pas avec lui ? C'est qu'ils ne veulent pas, avec raison, de conditions si inégales.

Mais si, d'un côté, l'appel des décisions des Ministres, des Préfets, des Administrations générales, exécutoires par provision, n'était recevable qu'après résiliation ou exécution du marché; si de l'autre côté, les fournisseurs espéraient être jugés, en définitif, par un Tribunal indépendant du Gouvernement, ils se hâteraient d'exécuter fidèlement leurs marchés pour obtenir, en cas de difficultés, la justice de ce Tribunal. Ils éleveraient aussi leurs prix moins haut, plus sûrs d'être payés.

Au lieu de cela, qu'arrive-t-il aujourd'hui? Le fournisseur contracte avec un Ministre intègre ; mais le Ministre est changé. Un Ministre moins exact le remplace, et ne veut point tenir les engagemens de son prédécesseur. Le fournisseur se pourvoit contre sa décision. Mais où? Devant le Conseil d'Etat, placé sous la faveur et sous la direction des Ministres qui peuvent y paraître, y délibérer, y juger leur adversaire ; tandis qu'un Tribunal inamovible et indépendant ne plierait sous aucune influence, et ne changerait point, avec chaque Ministre, de doctrine, de conduite, d'intérêt.

Ne soyons donc pas surpris que les citoyens ne veuillent placer leur confiance que dans un pareil Tribunal. La confiance ne s'arrache point, ne se commande point, mais se persuade et s'attire. Elle amène avec elle la bonne foi, l'économie, le crédit, les richesses; elle dénoue sans effort les embarras les plus compliqués de l'administration; elle aime la règle et craint l'arbitraire; elle fuit des juges amovibles. Voulez-vous la fixer sans retour? faites-la asseoir sur un Tribunal indépendant.

Ce n'est donc pas la cause des fournisseurs que je plaide ici; c'est la cause de l'Etat; car toute cette matière, en dernière analyse, se réduit à ceci : l'Etat, d'après tel mode ou tel autre, sera-t-il mieux ou plus mal servi, payera-t-il plus, ou payera-t-il moins? Je laisse à décider quel est, sous ce rapport, le mode qui assure le mieux ses intérêts, du mode que l'on observe actuellement, ou du mode que je propose. Au surplus, l'expérience confirme mes théories, et elle est un peu plus sûre que toutes ces vieilles maximes de raison d'Etat, que ceux même qui les défendent appellent ténébreuses, et qu'ils ne peuvent définir.

C'est dans l'affermissement de la confiance et du crédit, c'est dans l'observation exacte des principes de la justice, c'est dans l'épargne des deniers publics, que je place et fais consister le véritable intérêt de l'Etat. Ne perdez point de vue ces choses-là dans la législation des marchés, et vous aurez bientôt trouvé de bonnes règles.

CHAPITRE XV.

Des Conflits d'attribution.

Il s'agit d'examiner si le réglement des conflits peut s'accorder avec l'indépendance du nouveau Tribunal.

Les conflits d'attribution entre l'autorité administrative et judiciaire ont, depuis la révolution, pris un développement et des caractères tout nouveaux. Ils s'exercent dans des formes différentes et sur des matières nombreuses et importantes qui, avant cette époque, n'avaient pas même d'existence.

Avec d'autres intérêts, le Gouvernement a eu d'autres besoins ; tous les rapports des choses sont changés.

Jadis l'autorité Royale était la source commune d'où tous les autres pouvoirs tiraient leur existence, leur cours et leur force.

Le Roi, en son Conseil, jugeait de pleine science et de pleine autorité tous les jugemens ; il réglait les compétences, il évoquait le fond, il cassait les arrêts des parlemens.

Mais l'Assemblée constituante dépouilla la Couronne de cette prérogative. Elle abolit les évocations et les commissions extraordinaires ; elle reconnut deux pouvoirs, l'un judiciaire, l'autre administratif, organisa leur indépendance, et fit leurs parts. Mais elle le fit, comme nous l'avons vu, avec une confusion qui ne servit que trop bien, pendant le cours de nos troubles, les entreprises de l'administration.

Quelle sera, dans notre Gouvernement représentatif, l'autorité chargée de juger les conflits?

Si vous laissez le réglement des conflits à la Cour de cassation, prenez garde que, toute pleine de l'esprit et des maximes des corps judiciaires, entraînée par la rigueur des principes du droit commun, étrangère aux besoins et aux intérêts de l'administration, et embarrassée dans les formes et les lenteurs de la procédure civile, elle ne laisse les tribunaux envahir les matières administratives, et n'apporte pas au réglement des conflits la célérité qu'il exige.

Si vous le laissiez au Conseil d'Etat tel qu'il existe, on objectera sans cesse qu'une si haute prérogative ne peut appartenir qu'au pouvoir législatif, et qu'un Conseil d'Etat, commission temporaire, révocable, émanée de la puissance exécutive, n'est ni juge, ni législateur, et n'a ni caractère, ni droit pour régler des juridictions; que d'ailleurs le Gouvernement prononce, en Conseil d'Etat, dans sa propre cause, et selon son intérêt; qu'il dépend de lui de déclarer administratif ce qui est judiciaire, et de recouvrer ainsi peu à peu sur les tribunaux, par la voie indirecte du conflit, cette ancienne autorité dont l'Assemblée constituante et la Charte l'ont dépouillé, en séparant les deux pouvoirs et en proclamant leur indépendance.

Ainsi d'une part, si la Cour de cassation règle les conflits, on peut craindre qu'elle n'attire à elle les matières administratives; et d'une autre part, si le Conseil d'Etat les règle, on peut craindre qu'il n'attire à lui les matières judiciaires.

De quelque côté que je me tourne, je ne vois que des erreurs de principes et des périls d'exécution.

Je voudrais bien trouver la vérité; mais dans la crainte de m'égarer, je ne veux pas établir une doctrine; je demande seulement à proposer mes doutes.

Au Pouvoir qui fait les lois appartient le droit de régler les compétences (1).

Avant la révolution, le Roi était l'unique législateur; il était aussi, il devait être l'unique modérateur des juridictions.

---

(1) L'art. 27 de la loi du 21 fructidor an 3 porte : « En cas de conflit d'attribution entre les autorités administrative et judiciaire, il sera sursis jusqu'à la décision du Ministre, confirmée par le Directoire exécutif, qui en référera, s'il est besoin, au Corps législatif.

Aujourd'hui le pouvoir législatif réside dans le Roi et les deux Chambres....

C'est à ce pouvoir législatif qu'en principe, et dans notre Constitution, devrait appartenir le réglement des conflits.

Mais les conflits, de leur nature, veulent être vite réglés, et offrent en général, dans leur sujet, peu d'importance.

C'est pour cela que le pouvoir législatif doit déléguer cette portion de ses droits. Comment? Par une loi. Et à qui? Au Gouvernement établi par la Charte au sommet des deux autorités administrative et judiciaire.

Alors qu'arriverait-t-il? Investi par une délégation légale du soin de régler les conflits entre les Tribunaux administratifs et les Tribunaux judiciaires, également placés hors de sa dépendance, le Gouvernement n'aurait presque plus d'intérêt à favoriser les premiers plutôt que les seconds, puisque le jugement du fond aurait cessé de lui appartenir personnellement, en définitif, comme il arrive aujourd'hui. Qui pourrait alors l'accuser de prévention, de faveur, d'arbitraire, d'usurpation?

D'un côté, les citoyens n'apporteraient plus au rétablissement des compétences l'opposition de leurs intérêts privés, et il leur deviendrait assez indifférent d'avoir pour juges les tribunaux judiciaires ou les tribunaux administratifs, dès qu'ils trouveraient dans ces derniers la même indépendance de jugement, seule garantie qu'ils demandent, et qu'ils ne rencontrent pas dans l'organisation actuelle du Conseil d'Etat.

D'un autre côté, le Gouvernement trouverait assez de défenses dans un Tribunal spécial, mieux éclairé que la Cour de cassation sur ses besoins et ses intérêts. A la vérité, le Gouvernement ne serait plus juge et partie; mais quel mal y a-t-il à cela pour les citoyens, pour lui-même et pour la justice?

Mais ce n'est pas tout d'avoir indiqué l'Autorité à laquelle on doit remettre le réglement des conflits, il faut ensuite éviter que l'exercice de la revendication administrative ne blesse les principes du droit civil; il faut aussi que le réglement des conflits soit prompt. Voyons comment on pourrait remplir ces deux conditions.

Et d'abord, à quelle époque de l'instruction judiciaire, et dans quelles limites, la revendication administrative peut-elle s'exercer?

C'est ce que les lois du 11 septembre 1790 et du 21 fructidor an 3 n'avaient ni prévu ni réglé.

Dans leur silence, on s'attacha d'abord au principe que, l'incompétence à raison de la matière, étant d'ordre public, ne peut jamais être couverte, ni par le consentement, ni par la négligence, soit du ministère public, soit des parties;

qu'elle vicie radicalement les jugemens, et peut être opposée ou suppléée en tout état de cause; que nulle prescription, nul laps de temps ne sauraient légitimer des actes que la loi ne veut point reconnaître; que les parties elles-mêmes, en plaidant volontairement devant l'autorité incompétente, ne peuvent lui attribuer des facultés que la loi lui refuse; enfin qu'une usurpation de pouvoirs n'est pas plus régulière, parce qu'elle est plus complète.

Ces principes posés, la déduction en était naturelle.

On commença par établir que les décrets, en matière de conflit, étant d'ordre public et ne réglant qu'un point de compétence, il n'y avait point lieu d'appeler les parties en cause, ni d'admettre leur opposition à ces décrets.

Ensuite, de conséquences en conséquences, on alla jusqu'à décider que le conflit pouvait être élevé après et contre des jugemens en dernier ressort, et arrêts rendus par les tribunaux de première instance, par les cours d'appel et même par la Cour de cassation.

On ne tarda pas à apercevoir les inconvéniens de ce système.

En effet, comme il n'existe plus de délais après un arrêt de la Cour de cassation, puisque cette Cour est le dernier degré de la hiérarchie judiciaire, la faculté d'élever le conflit se serait donc indéfiniment prolongée! Les citoyens qui, sur la foi d'un jugement irrévocable, ont disposé de leur chose par voie d'échange, de donation, de vente, d'hypothèque ou autre, l'auraient donc vue entre leurs mains éternellement flottante!

Ajoutons que ce principe servait, par son exagération même, les craintes soupçonneuses d'un Gouvernement encore mal affermi, et retenait sous sa main, sans discussion et sans partage, toutes les matières d'émigration, de liquidation et de biens nationaux.

Mais quand l'intérêt politique eut cessé ou se fut affaibli, on découvrit pleinement les conséquences abusives de ce système; on sentit que s'il est utile de maintenir l'ordre des juridictions, il est peut-être encore plus nécessaire de respecter l'autorité de la chose jugée, de cette chose jugée que les lois de tous les peuples ont, d'un consentement unanime, placée au-dessus des efforts du pouvoir, au-dessus d'elles, et proclamé la vérité même.

On craignit aussi que l'exercice d'une revendication illimitée ne protégeât la négligence de l'administration.

Ces diverses raisons prévalurent.

Mais comme le respect de la chose jugée avait précisément fait repousser le premier système, on fut conduit à examiner de plus près les caractères de cette chose jugée.

On reconnut alors que quand un jugement ou arrêt n'a pas été, après due signification, attaqué dans le délai fatal, soit en appel, soit en cassation, ou qu'il a été volontairement exécuté et acquiescé par les parties, il a dès-lors obtenu irrévocablement l'autorité de la chose jugée; mais que jusque-là le conflit peut l'atteindre.

En 1815, on changea de jurisprudence pour la troisième fois, et on établit que les jugemens de première instance rendus en dernier ressort, et les arrêts des Cours royales rendus contradictoirement, sont empreints du signe de la chose jugée à l'instant même qu'ils sont prononcés; que dès-lors il n'est plus temps d'élever le conflit.

Tels sont les trois systèmes, si différens dans leur principe et dans leur application, qui depuis la Révolution, ont travaillé cette matière, et tantôt aggrandi, tantôt resserré l'exercice de la revendication administrative.

S'il m'était permis de porter un jugement, je dirais en peu de mots :

Que le premier de ces systèmes n'avait pu se fonder et se soutenir qu'à cette époque où l'administration marchait avec impétuosité et avec violence à la concentration des pouvoirs, ployait sous son joug les tribunaux, et engloutissait toutes les matières; que ce système forçait le principe de la division des pouvoirs dans ses conséquences, pour le seul bénéfice du Gouvernement; que peut-être alors il servait les vues de sa politique et les besoins de ses finances; mais qu'il troublait l'indépendance des tribunaux, l'autorité de la chose jugée, le repos des familles, et l'intérêt de la propriété.

Que le troisième système renferme les facultés du conflit dans des bornes beaucoup plus étroites que l'ordonnance de 1737; qu'il gêne la marche de l'administration dans ses actes journaliers, dans ces sortes d'actes qui, moins que tous les autres, peuvent se passer d'ordre et de règle.

Enfin, que le second système respecte la division des pouvoirs dans leur essence, comme dans leur application; qu'il satisfait pleinement les besoins de l'administration, sans altérer le principe du droit civil et sans enchaîner l'indépendance des tribunaux; qu'il ouvre aux particuliers, comme à l'État, un moyen sûr et prompt d'éviter les procès, de rétablir l'ordre des compétences, et de ramener les parties, sans frais et sans détours, vers l'autorité administrative, dans tous les cas où les lois confèrent à cette autorité l'attribution de juge; qu'ainsi l'action de l'administration marche, s'avance et s'arrête avec l'action des tribunaux. De sorte que ce système embrasse, dans la simplicité de sa règle, tous les cas et tous les degrés de la hiérarchie judiciaire.

J'ai dit aussi que les conflits voulaient être promptement décidés.

Les lois administratives ayant été la plupart conçues et arrangées dans un esprit d'envahissement, on ne doit pas s'étonner si l'administration et les tribunaux sont, depuis la révolution, en état d'hostilité vis-à-vis l'un de l'autre; cependant la division des pouvoirs n'a pas été établie pour organiser entre eux une lutte de surprises, de délations et d'usurpations réciproques. Ils doivent au contraire marcher en harmonie à côté l'un de l'autre, et se prêter de mutuels secours. Ils doivent veiller ensemble au bon ordre des juridictions. C'est vers cette harmonie des deux pouvoirs, c'est à favoriser, dans l'intérêt de l'État, cette surveillance commune, que la prudence du législateur doit se tourner.

Dans ce dessein, ne faudrait-il pas confier aux procureurs du Roi le pouvoir d'élever, concurremment avec les préfets, au nom de l'État et des communes, dont les intérêts sont aussi remis à leur défense, le conflit d'attribution devant les tribunaux, dans la même forme, dans les mêmes limites, et avec les mêmes effets? Tous deux sont les hommes du Roi; tous deux représentent l'État, et stipulent ses intérêts; tous deux sont placés comme des sentinelles, pour avertir du trouble des compétences l'autorité instituée par la loi pour les rétablir.

Les particuliers, pressés par l'aiguillon de l'intérêt personnel, sollicitent d'ordinaire, dès l'entrée de la cause, l'intervention du préfet, ou proposent le déclinatoire, ou appellent, sur la question de compétence, les regards du ministère public. Mais les défenses de l'État et des communes par les agens subalternes du Gouvernement, et par des maires illétrés, sont presque toujours molles, négligées, ignorantes.

Les écarts des tribunaux de paix et de première instance, qui sont éloignés du siége de l'administration départementale, échappent facilement à la vigilance du préfet. Cependant le jugement est signifié, il s'exécute, les délais de l'appel s'écoulent, et la revendication administrative n'est exercée que lorsque le jugement a acquis l'autorité de la chose jugée, c'est-à-dire, précisément lorsqu'il n'est plus temps d'élever le conflit. Si au contraire, le procureur du Roi au lieu d'être réduit à déférer aux ordres du préfet, ce qu'il regarde comme une servitude, pouvait concurremment avec cet administrateur, élever devant les Tribunaux le conflit d'attribution, ce qu'il regarderait comme une de ses plus honorables prérogatives, il arriverait que les questions administratives seraient aperçues presque toujours sur le seuil même du litige, et revendiquées avant que les jugemens ne fussent rendus; de sorte qu'en prévenant les violations de la compétence, on éviterait aussi l'annullation des jugemens, chose toujours fâcheuse.

Mais outre que les conflits seraient élevés plus à temps, ils seraient aussi plus promptement réglés.

En effet, il arrive souvent que les préfets élèvent le conflit sur la seule provocation des parties, et sans que l'État ait, à son réglement ultérieur, un intérêt bien pressant et bien direct. Ils transmettent leurs arrêtés, quelquefois tardivement, au Ministre de l'intérieur qui les renvoie au Ministre de la justice. Celui-ci ordonne aux bureaux de sa division civile de lui présenter un rapport sur l'objet du conflit. Ce rapport est remis au Comité du contentieux. Là l'affaire s'oublie dans la longueur et les irrégularités des communications administratives, qui sont faites aux parties pour qu'elles fournissent leurs défenses. Après l'expiration des délais, le Comité du contentieux donne un avis; puis il faut que le Conseil d'État prononce, et enfin que le Roi signe l'ordonnance.

L'affaire se traîne quelquefois pendant plus d'une année à travers ces longs circuits de procédure; les poursuites judiciaires ou l'exécution des jugemens restent suspendues ; la chose litigieuse qui n'avait peut-être été mise dans les attributions de l'administration que précisément parce que, de sa nature, elle avait besoin d'être vite réglée, périt pendant ces délais, ou subit des dommages irréparables, et le but du conflit est manqué. Au lieu que les Procureurs du Roi ne souffriraient pas que le cours de la justice restât si long-temps interrompu, et presseraient davantage la décision des conflits par eux élevés sur des causes pendantes devant les tribunaux où ils exercent leurs fonctions.

Enfin, il conviendrait peut-être que le Gouvernement remît la faculté de régler les conflits, faculté qui lui aurait été déléguée par la puissance législative, au Comité de législation qui pendant long-temps en est demeuré investi sous le Conseil impérial.

Peut-être même devrait-on retrancher de l'instruction de ces sortes d'affaires dont l'importance, en général, est médiocre, les communications qu'on est dans l'habitude de faire aux parties, et qui, plus que tout le reste, suspendent la distribution de la justice. D'un côté, il arrive rarement que les parties, averties par ces communications, de l'existence du conflit, usent du ministère dispendieux d'un avocat pour plaider sur un simple point de forme, et dans une matière d'ordre public; et d'un autre côté, l'intérêt général qui réclame avec tant de force le prompt rétablissement des juridictions violées, doit l'emporter sur toute autre considération.

Il me semble qu'à l'aide de ces différentes conditions, formalités et garanties, qui seraient réglées par une loi, on pourrait facilement concilier les besoins du Gouvernement et le maintien de la juridiction administrative, soit avec le principe politique de notre Constitution qui a proclamé la division des pouvoirs, et qui ne reconnaît d'autres juridictions que celles que la Charte ou la loi ont reconnues ou établies, soit avec le principe civil qui veut l'indépendance des tribunaux, et attache le sceau de l'irrévocabilité aux jugemens et arrêts passés en force de chose jugée, soit enfin avec l'intérêt des citoyens qui craignent aujourd'hui d'être arrachés à leurs juges naturels par la seule volonté et par la seule décision du Gouvernement à la fois juge et partie dans sa propre cause.

N'oublions pas de dire qu'à mesure que la législation administrative s'améliorera, les conflits diminueront, parce que les juges et les administrateurs connaîtront mieux les limites respectives de leurs attributions.

Remarquons encore que les conflits doivent être moins nombreux dans les Gouvernemens représentatifs que dans tout autre, parce que chaque citoyen peut, par l'organe de chaque député, y dénoncer à la tribune publique les actes arbitraires des juges et des administrateurs, parce que les attributions et les compétences des diverses autorités y sont clairement définies et limitées par la loi, et enfin parce que tous les agens du pouvoir y marchent sans cesse sous l'œil surveillant de l'opinion.

CHAPITRE XVI.

Des Matières de biens nationaux et d'émigration.

Pour que le Gouvernement fût fondé à retenir la décision des contestations qui peuvent s'élever à l'occasion des ventes de biens nationaux, il faudrait qu'il eût encore, dans cette matière, quelqu'intérêt réel, soit directement, soit indirectement.

Or, je vais prouver qu'il n'a plus aujourd'hui aucun intérêt de cette nature.

Par le sénatus-consulte du 6 floréal an 10, l'Etat a délaissé aux émigrés amnistiés, éliminés, radiés, toutes actions en réintégrande contre les acquéreurs de leurs biens tombés dans le domaine national, à raison des objets que l'adjudication n'aurait pas compris.

Par la loi du 5 décembre 1814, il leur a remis, outre leurs biens existans en nature, tous les droits et actions rescisoires qui compétaient au Domaine, et dont l'exercice ultérieur lui est devenu étranger.

Quant au prix total ou partiel des ventes encore dû, le domaine ne le reçoit que pour le transmettre aux anciens propriétaires.

L'Etat ne doit aucune indemnité aux émigrés, soit pour leurs biens qu'il a vendus, soit pour ceux dont il a disposé en faveur des tiers par voie de partage, de présuccession, de liquidation de dot et autre. La loi du 5 décembre, et l'article 16 du sénatus-consulte du 6 floréal an 10, leur interdisent expressément toute recherche à cet égard.

Ainsi, dans cette matière, et en ce qui touche les émigrés, l'Etat est aujourd'hui matériellement désintéressé, soit pour les choses, soit pour le prix, soit pour les actions litigieuses, soit pour les indemnités.

Voyons s'il l'est également, en ce qui touche les acquéreurs.

Si le bien national revendiqué, soit par l'ancien émigré propriétaire, soit par un tiers regnicole, a été aliéné avec toutes les formes requises, la vente est irrévocable aux termes de la loi du 22 frimaire an 8, de l'article 9 de la Charte, et de la loi du 5 décembre 1814.

Voilà la garantie des acquéreurs vis-à-vis des tiers.

Voici maintenant la garantie de l'Etat vis-à-vis des acquéreurs.

Régulièrement, les acquéreurs de biens nationaux pourraient exercer contre l'Etat, dans toute son étendue, cette action que la loi commune donne à tout acquéreur contre son vendeur, pour garantie de l'éviction de la chose achetée.

Mais la loi spéciale du contrat a déjà ôté à l'acquéreur qui l'a acceptée, plusieurs des garanties ordinaires, et entr'autres celles résultant :

1° Du défaut de mesure et de contenance, clause réciproque, qui lie l'Etat comme l'acquéreur, et qui éteint toute action, soit pour indemnité, soit pour cause de lésion ;

2° De l'exercice des servitudes actives et passives, que les tribunaux règlent d'après les titres ou la possession.

Quant à la restitution du prix, il y a plusieurs distinctions à établir :

Si la vente se trouve résiliée par l'effet d'une déchéance définitivement prononcée, l'Etat remet la chose à l'ancien propriétaire, et l'ancien propriétaire remet à l'acquéreur, par l'intermédiaire du domaine, les sommes payées à compte sur le prix.

Si la vente d'un bien patrimonial a été légalement consommée, l'Etat doit indemniser le tiers dépossédé.

Si la vente a été illégalement consommée, l'Etat doit restituer le prix à l'acquéreur.

Mais comme plus des trois quarts des ventes de biens nationaux, ou présumés tels, remontent à une époque antérieure à l'an 9, la créance soit de l'acquéreur, soit des tiers, résultant du prix de biens illégalement vendus, tombe dans l'arriéré de l'an 9, arriéré frappé de déchéance par la loi de finances du 15 janvier 1810.

L'Etat n'est donc grévé de la restitution du prix qu'à l'égard du petit nombre de ventes dont le contrat est postérieur à l'an 9.

Il remet ce prix à l'acquéreur, selon la quantité et dans les valeurs qu'il a reçues.

Il remet au tiers réclamant les mêmes valeurs, et non le prix intrinsèque et réel de l'objet vendu qui résulterait d'une expertise contradictoire.

Mais, avant de rembourser les tiers réclamans, il faut que leurs droits vis-à-vis du domaine soient préalablement établis ; ce qui engendre une question de propriété dont la décision est soumise aux tribunaux.

Si le tiers réclamant succombe devant eux dans ses prétentions, l'Etat ne doit rien, puisque le bien en litige était national, et que par conséquent il a été valablement aliéné.

Ainsi les réclamations en indemnité contre le Trésor, formées, soit par des acquéreurs évincés, soit par des tiers dépossédés, se tournent pour les seconds en discussions purement judiciaires, et se terminent pour tous les deux par une liquidation administrative. Ces sortes de liquidations se poursuivent au ministère des finances, et n'ont jamais été l'objet d'aucune réclamation devant le Conseil d'Etat.

L'Etat n'a donc plus aujourd'hui, soit directement, soit indirectement, d'intérêt matériel à retenir la décision des contestations qui peuvent s'élever sur les ventes de biens nationaux.

Il semblerait suivre de là qu'on devrait les restituer aux tribunaux ordinaires.

Mais il y a des raisons de convenance et de politique qui ne le permettent pas encore.

Qui ne sent en effet que les questions relatives à la validité, à l'étendue et aux effets des ventes de biens nationaux, ne peuvent devenir aujourd'hui l'objet d'une discussion ouverte à tous les regards ? Il faut surtout éviter avec soin de mettre l'émigré et l'acquéreur en présence l'un de l'autre. Les petites haines locales envenimeraient ces discussions ; elles dégénéreraient bientôt en récriminations personnelles, et les Tribunaux se convertiraient en une arène où toutes les passions politiques viendraient se provoquer et se combattre. La paix publique s'y oppose.

La prudence du législateur doit donc confier la décision de ces questions à un Tribunal administratif, d'autant plus propre à remplir les vues politiques du Gouvernement, que celui-ci n'a d'ailleurs aucun intérêt réel à y défendre ;

Tribunal, que l'inamovibilité mettrait plus volontiers au-dessus de toute passion, qui connaîtrait mieux que les tribunaux ordinaires l'esprit et le but de ces lois de circonstance, qui aurait créé la jurisprudence de cette matière, ou conservé sa tradition, qui renvoyant à l'autorité judiciaire toutes les questions de baux, de servitudes, de propriété, ne retiendrait que les seules questions dont la solution est clairement écrite dans les actes d'estimation et d'adjudication, qui garderait avec fermeté l'inviolabilité des ventes, et ferait justice aux réclamations fondées des émigrés et des tiers ; Tribunal enfin, dont la procédure, secrète et écrite, mais régulière et suffisante, terminerait ces contestations à peu de frais, sans lenteur et sans éclat de haines (1).

(1) La haine des anciens propriétaires ne s'attache pas à l'Etat, qui est un être abstrait, mais aux possesseurs actuels de leurs biens, qui souvent ne les tiennent que de la quatrième main, et qui les ont achetés au prix réel qu'ils valent. Cela est injuste ; car c'est l'Etat seul qui a causé la ruine des anciens propriétaires. C'est lui seul qui les a contraint de s'expatrier, qui a séquestré, confisqué, vendu leurs biens, touché le prix des ventes, et créé toute cette législation monstrueuse des domaines nationaux et des émigrés. En bonne justice, en bonne morale, en bonne politique même, l'Etat doit donc être considéré comme le seul débiteur des émigrés. L'impuissance de payer ne détruit pas l'existence et la légitimité

de la dette. Le Gouvernement a déjà satisfait les impérieuses nécessités de la politique, en imprimant aux ventes de biens nationaux le sceau de l'irrévocabilité. Il a aussi restitué aux familles opulentes des émigrés les portions de forêts et les autres biens considérables qui n'étaient pas vendus; mais les pauvres familles qui ont été dépouillées de leur modique héritage, et qui languissent dans la misère, qu'ont-elles recouvré? Rien. Toutefois, qu'elles respectent ce que le repos de leurs concitoyens, ce que l'intérêt de l'Etat, ce que la sagesse de leur Roi a consacré; qu'elles ne tournent pas l'amertume de leurs regrets en haines et en vengeances! Quand l'économie, la paix, le commerce et la diminution progressive de nos charges auront remis l'abondance dans le trésor, la vertu et le malheur ne feront point un vain appel à la générosité de la Nation française et à la justice de ses Représentans!

CHAPITRE XVII.

Des Chemins vicinaux et des Réglemens d'eau.

Avant la révolution, les juridictions locales et les parlemens dressaient les réglemens relatifs aux rivières et aux chemins vicinaux, et décidaient les contestations de ce genre.

Ces contestations s'élèvent soit entre des particuliers et des communes, sur la propriété et la largeur des chemins vicinaux, soit entre les meûniers et les riverains, sur la propriété des eaux, et sur la fixation de leur hauteur.

La jurisprudence du Conseil d'Etat a, dans l'obscurité, les incertitudes et le silence des lois, réglé la compétence des diverses autorités, d'après les distinctions suivantes :

C'est au Préfet seul qu'il appartient de décider, sauf recours au Ministre de l'Intérieur, s'il y a nécessité qu'un chemin soit supprimé pour cause d'inutilité, et rendu à l'agriculture, ou s'il y a nécessité qu'il existe, et dans ce dernier cas, de le classer au nombre des chemins vicinaux, après en avoir fixé la direction, la longueur et la largeur, suivant les localités, parce que l'entretien et la réparation des chemins vicinaux sont au rang des charges municipales, dont le préfet est le répartiteur.

C'est aux Conseils de préfecture qu'il appartient de rechercher et de reconnaître les anciennes limites des chemins dont l'existence et la qualité vicinales ne sont point contestées, et de réprimer les empiétemens commis sur ces chemins par les propriétaires riverains, sauf recours au Conseil d'Etat.

C'est aux Tribunaux qu'il appartient de juger, d'après les anciens titres, les usages locaux ou la possession immémoriale, la question de savoir si le terrain sur lequel un chemin vicinal est établi, appartient à une commune ou à de simples particuliers; ou bien, si ce terrain est grévé d'une servitude de passage.

De même, c'est aux Préfets à dresser, sous l'approbation du Ministre de l'Intérieur, et sauf recours devers lui, les réglemens relatifs à la police des rivières, et à fixer sur les cours d'eau la dimension des biefs, et la hauteur des déversoirs.

C'est aux Conseils de préfecture à prononcer sur les contestations qui peuvent s'élever relativement au curage des canaux et rivières non navigables, à l'entretien des digues et ouvrages d'art qui y correspondent, au rôle de répartition et au recouvrement des sommes nécessaires au paiement des travaux d'entretien, réparations ou constructions, sauf recours au Conseil d'Etat.

Les contraventions aux réglemens de police sur les rivières non navigables, canaux et autres petits cours d'eau doivent, selon les dispositions du code civil et les lois existantes, être portées, suivant leur nature, devant les tribunaux de police municipale ou correctionnelle, et les contestations qui s'élèvent, soit entre plusieurs propriétaires de moulins, soit entre ces propriétaires et les riverains, sur la propriété et l'usage des eaux, ou sur l'exercice des servitudes établies par la possession ou par d'anciens titres, doivent être portées devant les tribunaux civils.

Telles sont, dans ces matières, les attributions des Préfets, des Conseils de préfecture et des Tribunaux.

On ne voit point qu'il y ait aucun inconvénient pour le Gouvernement à remettre la décision de ces sortes de contestations à un Tribunal d'appel administratif qui consulterait, au besoin, selon l'usage du Comité du contentieux, l'Administration des ponts et chaussées, les Autorités locales, ou le Ministre de l'Intérieur.

CHAPITRE XVIII.

Des Biens communaux.

Le Gouvernement est le tuteur des communes; il les autorise à plaider; il dirige leur administration; il surveille la gestion de leurs biens, l'emploi de leurs deniers et la répartition des charges municipales; mais il ne peut disposer de leurs biens, qui ne lui appartiennent pas. Les communes en jouissent au même titre que les particuliers. Le Gouvernement impérial, sous des prétextes de centralisation, attirait peu à peu lss communes à lui pour les engloutir. Administration, deniers, biens, procès, il dirigeait tout, il prenait tout, il jugeait tout; mais le Gouvernement actuel ne veut pas que sa surveillance soit une gêne, et sa protection une servitude. Les communes recouvrent chaque jour plus de liberté. Le Gouvernement n'a pas d'intérêt réel et direct à la décision de questions qui, la plupart, concernent la propriété, et qui par conséquent sont du ressort de l'autorité judiciaire. Mais les communes auront toujours intérêt à être protégées, au besoin, par un Tribunal administratif indépendant.

CHAPITRE XIX.

Des Mises en jugement.

Les mises en jugement appartiennent à l'ordre politique.

La garantie constitutionnelle a eu pour but de défendre les agens du Gouvernement contre les haines locales et l'esprit de parti.

Sans elle, des malveillans désorganiseraient les différens services publics, paralyseraient l'action de l'administration, qui a besoin d'être si rapide, et empêcheraient la surveillance des administrateurs, qui a besoin d'être si continue, en les traînant devant les tribunaux, pour venir y répondre aux accusations les plus frivoles.

Sans elle, on n'aurait pas de maires, cette portion de fonctionnaires, si honorable, si utile, si peu coûteuse à l'État.

Mais cette garantie a été étendue à trop d'agens subalternes qu'il ne fallait pas dérober à l'action immédiate des tribunaux.

On a peut-être trop oublié, que la garantie n'est pas puisée dans la règle générale, mais dans l'exception, et que toute exception doit être restreinte.

Ce principe, incontestable en lui-même, tire une force nouvelle de la nature de notre Gouvernement représentatif, où ce qui choque le plus la liberté, c'est le privilége.

Cependant les partisans de la garantie illimitée se fondent sur un autre principe qui appartient au système de ce Gouvernement.

Ils prétendent que, lorsque le Conseil d'Etat refuse d'accorder l'autorisation nécessaire pour mettre en jugement un administrateur, le ministère, par cette déclaration, se met à la place du fonctionnaire inculpé, se rend propre la prévention du délit, en fait son affaire, et assume sous sa responsabilité toutes les suites de l'accusation.

Il est permis de douter que la responsabilité ministérielle s'étende raisonnablement jusque-là. Elle ne doit en effet s'attacher qu'à des délits graves, et où le Ministre ait pris une part directe, personnelle, active, et non pas à des délits d'emprunt comme ceux-ci. J'ajoute que ce n'est pas un seul ministre, que ce n'est pas même le ministère qui refuse aujourd'hui l'autorisation, mais le Conseil d'Etat, dans les attributions duquel les mises en jugement ont été placées, et qui, en cette matière comme dans les autres matières contentieuses, rend un véritable jugement, sous le nom et la forme d'ordonnance royale (1). Est-

(1) Voy. l'art. 9 de l'ordon. royale du 29 juin 1814.

ce alors le Conseil d'Etat qui sera responsable? Est-ce un seul ministre ou tous les ministres solidairement? Et lorsqu'un citoyen aura été lésé dans ses biens ou dans sa personne par le moindre agent de l'administration, sera-t-il obligé d'entamer en face de la France, devant les Chambres, une accusation solennelle contre le ministère tout entier?

Cela est inexécutable, cela est contraire aux vrais principes de la responsabilité ministérielle, à toutes les convenances, et surtout à la justice.

Il faut avouer qu'il est bien difficile de régler la responsabilité des nombreux agens du pouvoir exécutif, la qualité et l'étendue des garanties qu'ils peuvent invoquer pour leurs actes, les différens cas de prise à partie, et le mode de procéder à leur jugement, avant qu'une loi n'ait fixé le principe et les effets de la responsabilité ministérielle.

On dira seulement que c'est tomber dans le même excès, de vouloir une garantie illimitée ou de n'en vouloir aucune.

Il faut laisser subsister la garantie; mais il faut la restreindre autant que les besoins du Gouvernement le permettent : car cette garantie n'a pas été établie comme un privilége de la personne; mais comme une prérogative de la place.

La Charte veut que tous les Français soient

tous, sans distinction, sujets de la loi, égaux devant elle, et justiciables des mêmes tribunaux. La nécessité politique de la garantie cesse dès que les agens du Gouvernement ne sont plus en exercice. Dès-lors ils doivent redevenir justiciables des tribunaux, même pour des actes relatifs à leurs fonctions antérieures.

Fonctionnaires, ils sont, dans l'intérêt du Gouvernement, protégés par la loi d'exception; simples citoyens, ils sont, dans l'intérêt des autres citoyens, soumis à la loi commune.

Cette distinction pourrait peut-être mettre d'accord ceux qui veulent de la garantie et ceux qui n'en veulent pas.

Toutefois un tel sujet est, je l'avoue, hérissé de difficultés.

Je ne veux pas le traiter à fond; il n'entrait dans mon but que d'établir le caractère purement politique des mises en jugement, qui, par cette raison, ne doivent point passer dans les attributions du nouveau Tribunal administratif.

CHAPITRE XX.

Des Prises.

Les matières de prises tirent également leur source du droit politique ; elles veulent une procédure, des règles, une loi et des juges tout spéciaux.

Les principes qui gouvernent cette matière sont nécessairement subordonnés au génie maritime des habitans de chaque pays, aux besoins de leur commerce, à la disposition même de leurs côtes, à l'étendue de leurs forces navales, à la manière dont cette espèce de guerre s'y exécute, au but qui l'a fait entreprendre, au caractère des ennemis, à la nature des relations qui lient le peuple belligérant avec les puissances neutres, alliées, voisines, enfin à une diversité infinie de circonstances et de raisons de commerce, de convenance et de politique extérieures, qui varient à chaque instant, dont le Gouvernement seul a le secret, et qui lui dictent ses décisions.

L'expérience a prouvé que le Conseil d'Etat, tel qu'il est aujourd'hui organisé, et à cause des règles qu'il a l'habitude d'appliquer, n'est peut-être pas assez dépendant du Gouvernement dans ces sortes de matières. Que serait-ce du Tribunal fixe, inamovible et indépendant que je propose d'instituer?

Il ne faudrait pas lui attribuer les matières de prises. Il faudrait même les retirer au Conseil d'État, s'il continue à subsister dans son organisation actuelle, et les confier pendant la guerre à une commission spéciale, telle que l'ancien Conseil des prises.

CHAPITRE XXI.

De l'Interprétation des Lois.

En principe, l'interprétation des lois n'appartient qu'au législateur.

Les tribunaux quels qu'ils soient, judiciaires ou administratifs, n'interprètent pas la loi; ils l'appliquent. Ils ne disposent jamais par voie réglémentaire et générale.

Le Conseil d'État ne peut pas plus interpréter les lois que les faire.

Le Roi et les Chambres ou les trois branches de la législature réunies, ont seules ce pouvoir.

Toutefois, la responsabilité des Ministres leur laisse une certaine latitude pour l'interprétation des lois, non par la voie directe, qui ne leur appartient pas, c'est-à-dire, par disposition, mais par la voie indirecte qui leur est propre, c'est-à-dire, par l'exécution. C'est aussi par ce côté qu'ils sont responsables.

Je m'arrête : tout ceci est étranger aux fonctions d'un Tribunal administratif qui doit, comme les juges civils, appliquer à chaque espèce les lois de la matière, selon leurs dispositions, et dans leur silence, selon les règles de la jurisprudence, selon les lumières de l'équité et les inspirations d'une conscience honnête.

Je viens de parcourir les principales matières sur lesquelles le Conseil d'État exerce aujourd'hui sa juridiction.

Je crois avoir prouvé, en théorie, que l'érection d'un Tribunal administratif indépendant, serait conforme à l'esprit de la Charte, à l'intérêt des citoyens, à l'intérêt même du Gouvernement, à la justice.

Je crois avoir également prouvé, dans l'application, qu'on pourrait remettre à ce Tribunal la distribution de la justice administrative sans diminuer la prérogative de la Couronne, sans manquer aux besoins du Gouvernement, sans inquiéter sa sûreté et sans entraver son action.

La réorganisation des Conseils de préfecture et la réforme de la Législation administrative doivent marcher nécessairement à la suite de l'institution que je propose, et accomplir son existence et ses bienfaits.

CHAPITRE XXII.

De l'Amélioration des Conseils de préfecture.

Il serait besoin, pour améliorer et pour compléter la distribution de la justice administrative, d'améliorer aussi les Conseils de préfecture. La composition de ces tribunaux inférieurs veut être soignée. Il importe plus qu'on ne le pense de n'y faire entrer que des hommes intègres et éclairés, étrangers surtout à l'esprit de parti et de localité, et qui puissent inspirer d'autant plus de confiance aux administrés qu'ils sont plus près d'eux.

Ce serait ici le lieu de rechercher si les Conseillers de préfecture doivent aussi être inamovibles; cette question, que je soulève et que je n'ai pas le temps d'approfondir, mérite d'être examinée sous le double rapport de l'intérêt de l'État et des citoyens. J'inclinerais cependant par analogie pour l'affirmative.

Les Conseils de préfecture ont, dans leur institution, deux choses fort confuses et à-peu-près aussi mal réglées l'une que l'autre.

Leurs attributions et leur procédure.

L'instruction des affaires portées devant le

Conseil d'Etat a été organisée par le décret du 22 juillet 1806, dont les dispositions sont tirées elles-mêmes du code de procédure civile et de l'ordonnance de 1738. Mais l'instruction des affaires contentieuses portées devant les Conseils de préfecture a été livrée jusqu'ici aux seuls caprices de l'usage et de l'arbitraire.

L'introduction des instances, les communications, les délais, les défenses, le nombre des écritures, les oppositions, les incidens, les déchéances, la rédaction des arrêts, leur forme, leur exécution et leurs effets, rien n'est réglé légalement devant eux.

Autant de tribunaux administratifs, autant de variations dans le mode d'y procéder.

Le Comité du contentieux lui-même, sur l'appel et en l'absence de tout réglement, lorsqu'une nouvelle difficulté de procédure se présente, de peur de tomber dans le vague de l'arbitraire, se hâte de se réfugier dans le droit commun : méthode qui a sans doute de grands avantages, mais qui a aussi ses inconvéniens; car les ambiguités, les dépenses et les lenteurs de la procédure civile conviennent mal aux affaires administratives qui veulent des formes simples, peu de frais, et une prompte expédition.

Autre inconvénient : la jurisprudence du Conseil d'Etat qui, dans le silence de la loi, a fixé, tant bien que mal, différens points controversés de la procédure administrative, est enseveli dans les archives du Comité, et ne peut servir par conséquent à diriger les hésitations des Conseils de préfecture.

Il n'y a d'ailleurs rien de si vicieux, surtout en matière de procédure, qu'une jurisprudence plutôt de tradition qu'écrite, qui se forme à l'occasion de chaque espèce et à de longs intervalles, qui ne régit que certains cas, et laisse les autres dans le doute, dont les principes ne sont pas rassemblés sous le lien commun d'une doctrine uniforme, et qui souvent peut-être se détruisent par leurs contradictions mêmes.

Si donc les Conseils de préfecture ignorent eux-mêmes, faute de règles, la procédure qu'ils doivent appliquer selon les cas et les matières, comment voudrait-on que les parties la connussent? Aussi, qu'arrive-t-il? Elles tombent en de continuelles perplexités, et ne savent jamais si elles doivent diriger leur action devant le Conseil de préfecture ou devant le Conseil d'Etat; si elles sont encore dans les délais de l'opposition, et même, avant tout, si l'opposition est permise, et dans quels cas. Or, une action mal engagée les mène, par des détours longs et ruineux, au Conseil d'Etat, qui les renvoye à procéder devant le tribunal inférieur qu'elles ignoraient devoir préasablement saisir. Cependant les délais s'écoulent, les actions se périment, les preuves disparaissent, les conflits s'élèvent, la distribution de la justice est suspendue, les difficultés se multiplient, les haines s'enveniment, et souvent la lésion des droits les plus justes devient, en définitif, irréparable.

Ces inconvéniens sont graves sans doute, et il est temps d'y remédier.

En réglant l'instruction des affaires contentieuses devant le Conseil d'Etat, on a oublié d'organiser la procédure des tribunaux administratifs de première instance : c'était oublier les fondemens de l'édifice.

C'est sur l'introduction des instances que la pensée d'un bon législateur doit d'abord se porter; et c'est l'imparfaite organisation des tribunaux administratifs inférieurs, qui entraîne incessamment dans les ministères une multitude d'affaires contentieuses et de détail, qui vont se compliquant et grossissant, en montant par les divers degrés de l'instruction jusqu'au Conseil d'Etat, et qu'il serait si nécessaire et si facile de couper dans leur racine.

La plupart de ces inconvéniens disparaîtraient, je le pense, à l'aide d'une bonne loi réglementaire.

Me serait-il permis d'ajouter qu'il faudrait

que la procédure que ce réglement organiserait fût particulièrement appropriée aux Conseils de préfecture, c'est-à-dire, qu'elle ne fût ni toute judiciaire, ni toute administrative?

En effet, les Conseils de préfecture sont des juges, si vous considérez le caractère et les effets de leurs arrêtés ; mais ce sont des juges administratifs.

En même temps donc, qu'ils doivent emprunter aux tribunaux plusieurs de leurs formes salutaires et conservatrices des droits de la propriété, ils doivent aussi emprunter à l'administration plusieurs de ses formes simples, économiques et expéditives. Comme ils participent de la nature des deux juridictions, c'est dans la combinaison de ces deux natures d'intérêts, qu'une loi réglementaire me paraît devoir être conçue.

De ces règles, les unes sont déjà écrites dans le décret du 22 juillet 1806, les autres dans le Code de procédure. D'autres enfin sont éparses et comme enfouies dans le secret des ordonnances particulières; il ne s'agirait plus que de les en faire sortir, de les rectifier, de les étendre, de les mettre en harmonie avec elles-mêmes, et de lier dans un système simple et uniforme, la procédure des tribunaux administratifs inférieurs avec celle du Tribunal souverain.

On pourrait aussi, lorsque les Conseils de préfecture refondus et améliorés offriraient de suffisantes garanties aux citoyens, pour épargner aux parties les frais onéreux et les lenteurs du recours, et pour accroître la considération de ces tribunaux inférieurs, leur laisser décider, en dernier ressort, quelques petites affaires, de même que font les juges de paix et les tribunaux de première instance dans les matières civiles.

Tracer avec netteté aux parties la marche qu'elles doivent suivre selon les divers degrés que parcourt l'instruction, enseigner aux Conseils de préfecture les règles de procédure qui doivent les diriger dans l'expédition des affaires contentieuses, indiquer au Tribunal administratif supérieur les différens cas dans lesquels il doit corriger les aberrations des autorités de première instance, et remettre les parties dans la droite voie; couper les procès à leur racine, épargner aux citoyens des frais et des lenteurs; accélérer enfin la distribution de la justice, tels seraient le but et les heureux résultats d'une loi spéciale sur les attributions des tribunaux administratifs inférieurs, et sur l'instruction des affaires portées devant eux; loi que les Conseils de préfecture, le Comité du contentieux, et les parties attendent tous avec une égale impatience.

CHAPITRE XXIII.

De la Réformation de la Législation administrative.

J'ARRIVE enfin à la réformation de la législation administrative, matière si délicate que je n'ose la toucher, et si importante qu'elle invite à sa méditation.

J'en tirerai seulement quelques réflexions générales.

Si les lois civiles elles-mêmes, qui sont la raison et la justice universelles, subissent des changemens, que doit-ce être des lois administratives, si variables par leur nature, et si subordonnées aux besoins de l'administration et au système du Gouvernement? Ainsi il serait difficile que des lois imbues des maximes de la licence démocratique et du despotisme impérial, pussent s'accommoder à notre régime constitutionnel. Mieux elles ont servi le principe des autres Gouvernemens, plus elles sont étrangères à celui-ci.

Le principe politique d'un Gouvernement, qui pénètre quelquefois par certains côtés dans les lois civiles, se mêle d'abord et de suite aux lois administratives qui sont ses propres et indispensables moyens de disposition et d'action. Chez nous, la matière administrative s'est teinte de la couleur des divers Gouvernemens à travers lesquels elle a passé depuis vingt-huit ans. Elle est encore régie par une foule de lois sanglantes, monstrueuses, fiscales, indigestes, confusément entassées dans le réceptacle du bulletin.

Plusieurs sont tombées en désuétude, non par une abrogation directe, mais par leur propre infamie. Elles portaient leur mort en elles-mêmes.

D'autres ont déterminé le but et les pouvoirs des anciennes autorités, et ne peuvent évidemment servir à fixer les attributions des autorités nouvelles.

Les unes sont noyées dans des détails fastidieux, et perdent de vue le principe général.

Les autres sont trop brèves, et d'une disposition tellement générale, qu'on ne peut y puiser aucune interprétation pour les cas particuliers.

La jurisprudence a partout expliqué, commenté, remplacé la loi : cette jurisprudence elle-même est inconnue, parce que les décrets et ordonnances qui la renferment n'ont jamais été rendus publics, hors quelques-uns dont l'insertion est éparse dans le bulletin. Ses principes d'ailleurs sont, au grave détriment des citoyens, exposés à varier continuellement, par l'amovibilité jusqu'ici permise des membres du Comité du contentieux, qui seuls ont fait cette jurisprudence, et qui seuls la conservent par une sorte de tradition.

Je pourrais développer ces règles, leur nécessité, leurs exceptions, leurs différentes applications et leur différente nature; mais pourquoi traiter de la jurisprudence, lorsque le tribunal est à réorganiser et la législation à refaire?

Après des révolutions si multipliées et si opposées dans leur principe et dans leur but, qui ont détruit et recréé de si nombreux intérêts, qui ont mis entre quelques années l'intervalle de plusieurs siècles ordinaires, qui ont changé les mœurs, les institutions, les opinions, les lois, les autorités et la forme du Gouvernement, n'est-il pas temps enfin de refondre la législation administrative, et de ne plus nous laisser vivre sous le régime de la jurisprudence, qui est toujours un peu, quoi qu'on fasse, le régime de l'erreur et de l'arbitraire? Toutefois cette jurisprudence serait encore la source la plus pure et la plus abondante où l'on pourrait puiser les dispositions des lois nouvelles.

Ses règles, éprouvées par une longue application, ont déjà reçu la sanction du temps. Il ne s'agirait plus que de les convertir en règles législatives: car la douceur du Gouvernement représentatif consiste principalement à vivre sous l'empire des lois publiques.

Mais la réforme de la législation administrative ne doit se consommer qu'avec des précautions infinies. Il faudrait éviter surtout d'imprimer aux lois nouvelles aucun effet rétroactif. Il faut bien se garder d'abroger des lois anciennes, quelque absurdes qu'elles paraissent, non à cause d'elles, mais à cause des intérêts nombreux qui reposent sur elles, et qui s'alarmeraient si on y touchait. Le cours insensible des choses et les garanties de la Charte et des lois nouvelles, mieux appropriées aux besoins des temps présens et à la nature de notre constitution politique, ameneront cette abrogation, ou plutôt cette désuétude par degrés, sans secousse et sans la lésion d'aucun intérêt.

Mais il y a une foule de matières que tous les intérêts désirent également voir régler, et qui n'ont été gouvernées jusqu'ici que par une jurisprudence obscure, locale, incertaine. Telles sont entre autres les matières des chemins vicinaux et des réglemens d'eau. Il n'y a aucun danger, il y a de l'avantage pour tous, à réformer la législation de ces matières.

Toutes nos lois administratives veulent, pour être retouchées, une main aussi habile que prudente.

Cette tâche est encore à remplir.

La mienne finit.

Dans un sujet si vaste, que la loi n'a pas encore soumis à sa règle, et dont les systèmes se disputent de toutes parts la possession, je n'ai pu émettre à mon tour que des opinions plus ou moins probables.

Je n'ai point assurément l'orgueil de prétendre que tous mes raisonnemens soient sans réplique ni toutes mes propositions sans erreur.

Je prie qu'on veuille bien ne pas considérer ces propositions isolément, mais dans leur ensemble, car elles s'enchaînent toutes l'une à l'autre.

Je prie qu'on les examine et qu'on les discute sans prévention, et avec la même bonne foi que je les ai faites.

Qu'on ne croie pas non plus que l'amour de l'innovation m'ait séduit.

Vouloir remettre les institutions de la Monarchie absolue dans la Monarchie constitutionelle, c'est innover, puisqu'il n'y a dans la nature des choses rien qui leur soit plus nouveau que ce qui leur est contraire.

Mais vouloir approprier toutes nos institutions aux besoins et à la forme de notre Gouvernement représentatif, ce n'est point innover; c'est vouloir simplement toutes les conséquences nécessaires d'un principe reconnu, c'est l'ordre, c'est l'harmonie.

Certes, ce n'est pas une frivole recherche que d'étudier, si l'existence d'un Conseil d'État est compatible avec la Monarchie constitutionnelle, s'il peut fortifier l'Autorité royale, sans blesser le pouvoir des Chambres, et sans menacer directement ou indirectement les libertés de la nation ; s'il peut se mêler dans la préparation des lois et des ordonnances et faciliter l'action du Gouvernement, sans contraindre l'opinion des Ministres et sans les dérober à leur responsabilité.

Ce n'est pas non plus une chose indigne de l'attention des publicistes et des hommes d'état, que d'examiner si la distribution de la justice administrative ne peut être confiée à un Tribunal spécial, inamovible, indépendant, sans gêner la marche de l'administration, sans laisser manquer ses besoins, sans diminuer sa compétence, sans trahir ses intérêts ; et si au contraire, l'institution de ce Tribunal ne serait pas en harmonie avec l'esprit de la Charte, les règles de la justice, les intérêts des citoyens, et les véritables intérêts du Gouvernement ; s'il ne répandrait pas l'ordre, la règle, la lumière dans toutes les parties du vaste système de l'administration contentieuse ; s'il ne préparerait pas l'amélioration des Conseils de préfecture et la réformation de la législation administrative ; s'il ne rouvrirait pas avec abondance les sources de la confiance et du crédit public; et enfin si les Français trouvant dans l'indépendance de ce Tribunal spécial, pour la dispensation de la justice administrative, les principales garanties qu'ils trouvent dans l'indépendance des tribunaux ordinaires, pour la dispensation de la justice commune, n'offriraient pas aux regards de l'Europe, le spectacle d'un grand peuple jouissant avec sécurité, sous la protection des lois, du plus haut degré de liberté civile où les hommes puissent atteindre.

Ou je m'abuse, ou ces vastes sujets seront bientôt fécondés par des méditations plus heureuses que les miennes.

Si mes propositions étaient adoptées, je me féliciterais de les avoir faites.

Si mes erreurs même ne sont pas infructueuses, je m'en féliciterai encore.

Celui qui, guidé par le seul amour du bien public, va le premier à la recherche de la vérité, se fraye d'abord une route embarrassée, n'aperçoit pas encore le but, et s'égare souvent dans ses pénibles efforts; mais il ne les croit pas perdus si de plus habiles marchent sur sa trace, et lorsqu'ils ont atteint ce but, il s'en réjouit avec eux.

FIN.

TABLE

DES CHAPITRES.

FIN DE LA TABLE DES CHAPITRES.

www.ingramcontent.com/pod-product-compliance
Ingram Content Group UK Ltd.
Pitfield, Milton Keynes, MK11 3LW, UK
UKHW020450200726
13857UKWH00002B/645